“九个以”：

自我革命的实践要求

学习时报编辑部 编

人民出版社

出版说明

2024年1月，在中国共产党第二十届中央纪律检查委员会第三次全体会议上，习近平总书记发表重要讲话，就党的自我革命的重要问题，提出了“九个以”的实践要求。

为了贯彻落实总书记的重要讲话精神，中共中央党校（国家行政学院）主办的《学习时报》在一版开辟专栏，刊登相关领域的专家和纪检部门的领导学习落实习近平总书记重要讲话精神的理论文章，阐述了深入推进党的自我革命的根本遵循，我们党为什么要进行自我革命、为什么能自我革命，准确把握“九个以”的实践要求，推进党的自我革命走深走实。系列文章刊发后在社会上引起广泛反响，人民出版社决定将这组文章结集出版，作为“党的自我革命”主题教育的参考辅助读物。

人民出版社

2024年9月

目　录

总论
深入推进党的自我革命的根本遵循

陈 理*

习近平总书记在二十届中央纪委三次全会上发表重要讲话，从统筹把握中华民族伟大复兴战略全局和世界百年未有之大变局的高度，总结新时代全面从严治党丰富实践经验和重要理论成果，深刻阐述党的自我革命的重要思想，科学回答我们党为什么要自我革命、为什么能自我革命、怎样推进自我革命等重大问题。习近平总书记关于党的自我革命的重要思想，是我们党坚持“两个结合”推进理论创新取得的新成果，是习近平新时代中国特色社会主义思想的重要新篇章，标志着我们党对马克思主义政党建设规律、共产党执政规律的认识达到

---

* 作者系中央党史和文献研究院学术和编审委员会原主任。

新高度，为新时代新征程深入推进全面从严治党、党风廉政建设和反腐败斗争提供了根本遵循。

关于我们党为什么要自我革命的科学回答

坚持自我革命，是对马克思主义建党学说的丰富和发展。马克思主义深刻揭示了人类社会发展的客观规律，揭示了资本主义必然灭亡和共产主义必然胜利的历史趋势，是指引人民认识世界、改造世界的强大思想武器，是指引马克思主义政党为人类求解放的社会革命理论，不仅深刻改变了世界，也深刻改变了中国。同时还深刻阐述了马克思主义政党的性质、特点、基本纲领、策略原则，强调无产阶级政党必须由最彻底最坚定的先进分子组成，“在无产阶级和资产阶级的斗争所经历的各个发展阶段上，共产党人始终代表整个运动的利益”，是指引马克思主义政党自我革命的科学理论，为马克思主义政党以党的自我革命引领社会革命提供了重要思想指导。

坚持自我革命，是应对复杂形势、完成艰巨使命任务的必然要求。党的二十大擘画了以中国式现代化全面推进强国建设、民族复兴伟业的宏伟蓝图。党领导的社会革命迈上新征程，党的自我革命必须展现新气象，全面从严治党更要有新的认识、新的作为。从外部环境看，当今世界正经历百年未有之大变局，世界之变、时代之变、历史之变正以前所未有的方式展开，世界进入新的动荡变革期，我国发展必然会遇到各种可以预料和难以预料的风险挑战、艰难险阻甚至惊涛骇浪。从国内发展看，中华民族伟大复兴进入关键时期，我国改革发展稳定任务艰巨，发展不平衡不充分问题仍然突出，推进高质量发展还有许多卡点瓶颈，科技创新能力还不强，确保粮食、能源、产业链供应链可靠安全和防范金融风险还须解决许多重大问题，重点领域改革还有不少硬骨头要啃，等等。任务越繁重，风险考验越大，越要发扬彻底的自我革命精神，深入推进全面从严治党，为以中国式现代化全面推进强国建设、民族复兴伟业提供坚强保障。

坚持自我革命，是加强党的自身建设的迫切需要。马克思主义政党的先进性和纯洁性不是一成不变、一劳永逸的，而是在不断自我革命中淬炼而成的。马克思主义政党要保持先进性和纯洁性，实现崇高使命，必须一刻不放松地解决自身存在的问题，始终跟上时代、实践、人民的要求。习近平总书记指出，越是长期执政，越不能忘记党的初心使命，越不能丧失自我革命精神。回顾党的百余年奋斗历程可以清楚地看到，勇于自我革命是我们党最鲜明的品格，也是我们党最大的优势。中国共产党的伟大不在于不犯错误，而在于从不讳疾忌医，敢于直面问题，勇于自我革命，具有极强的自我修复能力。通过总结大革命失败教训，我们党开始认识到没有革命的武装就无法战胜武装的反革命，就无法夺取中国革命胜利。通过总结红军第五次反“围剿”失败和长征初期严重教训，我们党在遵义会议上实现了伟大历史转折。通过总结“文化大革命”惨痛教训，我们党成功开创一条中国特色社会主义道路，使中国大踏步赶上了时代。勇于自我革命，是我们党由小到大、从弱到强，在危难之际绝处逢生、失误之后拨乱反正，成为永远打不倒、压不垮的马克思主义政党的重要经验。

坚持自我革命，是对如何成功跳出治乱兴衰历史周期率、确保党永远不变质不变色不变味这个战略性问题长期思考的结果。习近平总书记指出，我们这么大一个党，有着光荣的历史、伟大的成就，一些人很容易在执政业绩光环的照耀下出现忽略自身不足、忽视自身问题的现象，陷入“革别人命容易，革自己命难”的境地。党的十八大以来，以习近平同志为核心的党中央把全面从严治党纳入“四个全面”战略布局，刀刃向内、刮骨疗毒，猛药去疴、重典治乱，使党在革命性锻造中变得更加坚强有力。新时代全面从严治党伟大实践探索出依靠党的自我革命跳出历史周期率的成功路径，开辟了百年大党自我革命新境界，为党和国家事业取得历史性成就、发生历史性变革提供坚强保障。

关于我们党为什么能自我革命的科学回答

习近平总书记深刻指出，我们党之所以有自我革命的勇气，是因为我们党除了国家、民族、人民的利益，没有任何自己的特殊利益。马克思、恩格斯在《共产党宣言》中庄严宣告：“过去的一切运动都是少数人的，或者为少数人谋利益的运动。无产阶级的运动是绝大多数人的，为绝大多数人谋利益的独立的运动。”代表最广大人民的根本利益，没有自己特殊的利益，这是马克思主义政党同其他非马克思主义政党的分水岭，是马克思主义政党先进性之源，也是马克思主义政党能够进行自我革命、始终不变质不变色不变味的根本原因。

毛泽东把我们党的宗旨概括为“为人民服务”。在延安追悼张思德的会上，毛泽东深刻指出我们党和人民军队的性质宗旨，强调“我们这个队伍完全是为着解放人民的，是彻底地为人民的利益工作的”。并进一步揭示我们党能够勇于进行自我革命，是党的性质宗旨、初心使命决定的，强调“因为我们是为人民服务的，所以，我们如果有缺点，就不怕别人批评指出。不管是什么人，谁向我们指出都行。只要你说得对，我们就改正。你说的办法对人民有好处，我们就照你的办”。中国共产党人不仅是这样说的，更是这样做的。当时党外人士李鼎铭提出“精兵简政”提案后，尽管曾产生争议，有些人担心这会使边区在遭到敌军进攻时没有足够的力量来抵挡。但毛泽东看到后非常重视，把整个提案抄到自己的本子上，重要的地方用红笔圈起，认为“这个办法很好”，“他提得好，对人民有好处，我们就采用了”。很快，中共中央发出关于“精兵简政”的指示，要求切实整顿党、政、军各级组织机构，精简机关，充实连队，加强基层，提高效能，节约人力物力。陕甘宁边区先后进行三次精简，为克服边区财政经济严重困难、人民休养生息发挥了重要作用。始终坚持真理、修正错误，这是我们党历经百余年沧桑更加充满活力的成功奥秘。

习近平总书记进一步提出了中国共产党的初心和使命。强调党的初心和使命是党的性质宗旨、理想信念、奋斗目标的集中体现。习近平总书记列举了中国革命和建设许多生动感人的例子，深刻诠释了什么是中国共产党人的初心使命。比如三个红军女战士半条被子的故事，房东徐解秀说，“什么是共产党？共产党就是自己有一条被子，也要剪下半条给老百姓的人”。再比如长征过雪山途中军需处长的故事，习近平总书记指出，管被装的宁可自己冻死也没有自己先穿暖和一点，这是多么崇高的思想境界！在党的百余年奋斗历程中，一代又一代共产党人为了追求民族独立和人民解放，不惜流血牺牲，靠的就是一种信仰，为的就是一个理想。为中国人民谋幸福、为中华民族谋复兴，是激励一代又一代中国共产党人前赴后继、英勇奋斗的根本动力。

关于我们党怎样推进自我革命的科学回答

习近平总书记就新时代新征程如何深入推进党的自我革命提出“九个以”的实践要求。这些要求涵盖根本保证、根本目的、根本遵循、战略目标、主攻方向、有效途径、重要着力点、重要抓手、强大动力，既有战略安排又有工作部署，既有认识论又有方法论，构成一个系统完备、逻辑严密、内在统一的有机整体，是深入推进党的自我革命的重要顶层设计，具有很强的政治性、思想性、指导性、针对性，为新征程深入推进党的自我革命提供了强大思想武器、科学行动指南。

以坚持党中央集中统一领导为根本保证。中国特色社会主义最本质的特征就是坚持中国共产党的领导，中国的事情要办好首先中国共产党的事情要办好。深入推进党的自我革命，要坚持在党中央坚强领导下统一谋划、统一部署、统一推进，把坚持党的全面领导贯彻到管党治党全部工作之中，确保党牢牢把握全面从严治党的主动权，确保党的自我革命始终沿着正确方向进行。

*以引领伟大社会革命为根本目的。*党和人民事业发展到什么阶段，全面从严治党就要跟进到什么阶段。党的二十大发出为全面建设社会主义现代化国家、全面推进中华民族伟大复兴而团结奋斗的动员令，以中国式现代化全面推进强国建设、民族复兴伟业，是新时代新征程党和国家的中心任务，是新时代最大的政治。要紧紧围绕中国式现代化来谋划和推进党的自我革命，使党的自我革命更好服从服务于党的中心任务。

*以习近平新时代中国特色社会主义思想为根本遵循。*加强思想建党、理论强党，是我们党的优良传统和显著优势，是我们党坚定信仰信念、把握历史主动的根本所在。深入推进党的自我革命，要坚持以党的创新理论为指导，把握运用好习近平新时代中国特色社会主义思想的世界观、方法论和贯穿其中的立场观点方法，深入学习贯彻习近平总书记关于党的自我革命的重要思

想，在深化、内化、转化上持续用力，自觉从党的创新理论中找理念、找思路、找方法、找举措，不断提高党的自我革命的坚定性、科学性、有效性。

*以跳出历史周期率为战略目标。*聚焦如何成功跳出治乱兴衰历史周期率、确保党永远不变质不变色不变味这个战略性问题，不断进行实践探索和理论创新，不断深化对党的自我革命的规律性认识，不断增强党自我净化、自我完善、自我革新、自我提高能力，及时清除一切影响党的先进性纯洁性的因素，清除侵蚀党的健康肌体的病毒，始终保持党同人民群众的血肉联系，不断巩固党的长期执政地位。

*以解决大党独有难题为主攻方向。*适应全面从严治党新形势新要求，聚焦大党独有难题的形成原因、主要表现和破解之道，紧紧围绕“六个如何始终”，坚持问题导向，保持战略定力，既常抓不懈，又集中发力，在不断解决大党独有难题中彰显大党优势，确保党始终总揽全局、协调各方，始终走在时代前列，始终成为中国特色社会主义事业的坚强领导核心。

*以健全全面从严治党体系为有效途径。*紧紧围绕党

的二十大提出的健全全面从严治党体系的重大任务，坚持系统观念，坚持内容上全涵盖、对象上全覆盖、责任上全链条、制度上全贯通，把全的要求、严的基调、治的理念落实到全面从严治党体系的构建之中，不断提升制度化、规范化、科学化水平，进一步形成依靠党的自身力量发现问题、纠正偏差、推动创新、实现执政能力整体性提升的良性循环，使全面从严治党各项工作更好体现时代性、把握规律性、富于创造性。

以锻造坚强组织、建设过硬队伍为重要着力点。党的力量来自组织。党的全面领导、党的全部工作要靠党的坚强组织体系去实现。深入贯彻落实新时代党的建设总要求和新时代党的组织路线，要以提升组织力为重点，强化政治功能，完善上下贯通、执行有力的组织体系，推动各级党组织全面进步、全面过硬。坚持德才兼备、以德为先、任人唯贤，着力培养忠诚干净担当的高素质干部队伍，打造一支让党中央放心、让人民群众满意的纪检监察铁军，为更好推进强国建设、民族复兴伟业提供坚强组织保证。

以正风肃纪反腐为重要抓手。以全面从严治党永远在路上、党的自我革命永远在路上的坚定执着持之以恒正风肃纪反腐，始终坚持严的基调、严的措施、严的氛围，锲而不舍落实中央八项规定精神，严明政治纪律和政治规矩，一体推进不敢腐、不能腐、不想腐，以优良作风作引领、以严明纪律强保障、以反腐惩恶清障碍，推动党的自我革命环环相扣、层层递进，在革故鼎新、守正创新中实现自我扬弃、自身跨越。

以自我监督和人民监督相结合为强大动力。依靠强化党的自我监督和人民监督推进党的自我革命，构建以党内监督为主导、各类监督贯通协调的机制，切实把党内监督同国家机关监督、民主监督、司法监督、群众监督、舆论监督贯通起来，形成全面覆盖、常态长效的监督合力，实现自律和他律良性互动、相得益彰，强化对权力运行的制约和监督，把监督制度优势更好转化为治理效能，推动党的自我革命开创新局面。

2024 年 4 月 15 日《学习时报》

新时代新征程
我们党为什么要进行自我革命

牛先锋*

党的十八大以来，习近平总书记带领全党以前所未有的决心和勇气推进全面从严治党，创造性提出一系列具有原创性、标志性的新理念新思想新战略，形成习近平总书记关于党的自我革命的重要思想。这一重要思想是对马克思主义政党建设理论的丰富和发展，是对党的历史经验特别是党的十八大以来新鲜经验的深刻总结，深化了对马克思主义政党建设规律、共产党执政规律的认识，为进一步推进新时代党的建设新的伟大工程提供了行动指南，开辟了百年大党自我革命的新境界。弄清楚在新时代新征程上党为什么要进行自我革命这一

* 文章发表时作者系中央党校（国家行政学院）马克思主义学院院长、教授。

问题，对于坚定不移推进全面从严治党，始终保持党的先进性和纯洁性，具有重要的意义。

自我革命是对马克思主义建党思想的运用和发展。人类社会在生产力、生产关系和经济基础、上层建筑这两对矛盾推动下，始终处于运动变化之中。社会发展变化必然对社会发展的领导力量提出自我革命的要求。马克思主义政党要适应社会进步潮流，赶上时代发展步伐，引领社会发展方向，就必须进行自我变革、自我更新，才能肩负起历史赋予的伟大使命。同时，共产党没有自身特殊的利益，这是党的性质所决定的。但在党获得执政地位之后，确有一些人动机不纯，为了个人和小集团之私利，混入党内，利用公权谋取私利。马克思、恩格斯指出：“只有在革命中才能抛掉自己身上的一切陈旧的肮脏东西，才能胜任重建社会的工作。”因此，马克思主义政党在执政过程中，如果不主动进行自我净化，就会出现陈腐污浊之物，久而久之积重难返，使党丧失领导能力、执政能力，最终陷入历史周期率泥淖。

自我革命是由我们党的崇高理想和光荣使命所决定的。革命理想高于天，没有远大的革命理想，就丢掉了前进方向，丧失了精神支柱，就会得“软骨病”。高楼万丈，始于垒土，要自觉做共产主义远大理想和中国特色社会主义共同理想的坚定信仰者和忠实实践者。不脚踏实地建设中国特色社会主义，就失去了当代中国共产党人安身立命之根本，就会沦为夸夸其谈的空谈家。打破旧世界、建设新世界，最终达到人的解放和自由全面发展，实现共产主义，这必然是一个漫长而曲折的历史过程。在其每一个历史阶段上，艰难困苦、失败挫折都可能发生，这需要共产党人始终保持坚定的信念，以极大的勇气和自我牺牲精神投身于伟大事业之中。船到中流浪更急、人到半山路更陡。在强国建设、民族复兴的新征程上，面对深刻而复杂的国内外形势变化，我们必须时刻准备进行具有许多新的历史特点的伟大斗争，必须通过自我革命，清除那些对共产主义失去信念、对中国特色社会主义失去信心的“软骨病”患者、形式主义的“空谈家”，始终保持党的先进性和纯洁性。

自我革命是对党百余年奋斗历史经验的总结。党的先进性和纯洁性不是与生俱来的，也不是一劳永逸的，而是在长期革命斗争中磨砺、在不断自我革命中淬炼而成的。党要始终保持自身的先进性，首先要勇敢地与自身的错误作斗争。在百余年奋斗历程中，党在指导思想上坚持真理、修正错误，包括大革命失败后纠正陈独秀右倾机会主义错误，土地革命战争时期纠正“左”倾盲动错误和李立三“左”倾冒险错误，延安时期彻底纠正王明“左”倾教条主义错误，等等。党勇于解决党内存在的思想不纯、政治不纯、组织不纯、作风不纯等突出问题，包括延安整风运动，新中国成立初期的整风整党和“三反”运动，改革开放以后的全面整党和开展的一系列集中性教育活动，等等。党坚决惩治腐败，包括新中国成立初期处理刘青山、张子善等人的案件，改革开放后始终把党风廉政建设和反腐败斗争放在突出位置，提出不断增强拒腐防变能力、建立健全惩治和预防腐败体系，等等。正如习近平总书记所指出的：“我们党之所以伟大，不在于不犯错误，而在于从不讳疾忌医，敢于直面问题，勇于自我革命。”

自我革命是党不断祛杂质、强免疫、壮筋骨的需要。进入新时代，党面临着长期执政考验、改革开放考验、市场经济考验、外部环境考验，面临着精神懈怠危险、能力不足危险、脱离群众危险、消极腐败危险。这“四大考验”“四种危险”有的原来就存在，党也早有觉察并且进行纠正。1949 年 3 月，在中国革命即将取得全国胜利之际，党中央离开西柏坡前往北平时，毛泽东就形象地说，“今天是进京赶考的日子”，“我们决不当李自成，我们都希望考个好成绩”，以此警示全党要居安思危，务必继续地保持谦虚、谨慎、不骄、不躁的作风，务必继续地保持艰苦奋斗的作风。此后，党多次以“赶考”为喻，告诫全党要铭记生于忧患、死于安乐，常怀远虑、居安思危，不断克服自身存在的问题，提升执政能力。进入新时代以来，全面从严治党成效卓著，管党治党宽松软的状况大有改善，但是党的政治建设、思想建设、组织建设、作风建设、纪律建设、制度建设等方面还存在着不少薄弱环节，各种弱化党的先进性、损害党的纯洁性的因素无时不有，各种违背初心和使命、动摇党的根基的危险无处不在，小问题小管涌时常出现。这些问题不是来自外部，而是来自党自身，如果长期得不到解决，就会酿成全局性、颠覆性的灾难。习近平总书记指出：“我们党作为世界第一大党，没有什么外力能够打倒我们，能够打倒我们的只有我们自己。”因此，党必须勇敢地面对自身存在的问题，勇于对自身开刀，大力推进自我革命，加强党的长期执政能力建设、先进性和纯洁性建设，才能保持朝气蓬勃的马克思主义执政党的新气象。

自我革命是党实现第二个百年奋斗目标的现实要求。全面建成小康社会、实现第一个百年奋斗目标是一个艰苦卓绝的伟大历程。如今我们踏上了全面建设社会主义现代化国家、向第二个百年奋斗目标进军的新征程，第一个百年奋斗目标的实现为第二个百年奋斗目标的实现奠定了物质基础，积累了丰富的执政经验，但第二个百年奋斗目标比第一个百年奋斗目标更加宏伟、面临的国内外环境也更加复杂，一些可以预见和不可预见的风险考验更为严峻。党要带领中国人民到2035年基本实现社会主义现代化、2050年全面建成社会主义现代化强国，时间十分紧迫，任务极其繁重。打铁必须自身硬，要在这么短的历史时期内，完成这么艰巨的任务，中国共产党必须保持高度的清醒与自觉，通过自我革命，不断增强自身的免疫力、战斗力、凝聚力、领导力。正如习近平总书记所指出的："全面从严治党是党永葆生机活力、走好新的赶考之路的必由之路。办好中国的事情，关键在党、关键在全面从严治党。只要大力弘扬伟大建党精神，不忘初心使命，勇于自我革命，不断清除一切损害党的先进性和纯洁性的有害因素，不断清除一切侵蚀党的健康肌体的病原体，我们就一定能够确保党不变质、不变色、不变味。"

自我革命是对"建设什么样的长期执政的马克思主义政党、怎样建设长期执政的马克思主义政党"时代课题的回答。经过长期努力，中国特色社会主义进入新时代，党执政的内部条件和外部环境都发生了重大的变化。从内部来看，一是党员的数量、规模、年龄结构、职业构成及其成长经历等，与新时代之前对比都发生了新的变化；二是在社会主义市场经济条件下，党的组织特别是党的基层组织发挥作用可运用的资源、手段、方式、方法发生了改变；三是党长期执政积累了丰富的经验、提升了执政能力，但经验主义、骄傲自满、自以为是等不良作风也在滋生，居安思危、艰苦奋斗、不怕牺牲、联系群众的优良传统有待进一步传承弘扬。从外部来看，世界百年未有之大变局加速演进，我国经济社会发展的外部环境更为复杂多变，可预见和不可预见的风险进一步加大。在此背景下，“建设什么样的长期执政的马克思主义政党、怎样建设长期执政的马克思主义政党”，成为对党提出的时代之问。习近平总书记关于党的自我革命的重要思想是对这一时代之问的科学回答。

习近平总书记关于党的自我革命的重要思想是中国共产党人政治自觉的表现，是对马克思主义建党思想的继承和发展，是对党的历史经验的总结，是对全面从严治党实践中面临的问题的解答。它是习近平新时代中国特色社会主义思想的重要组成部分，彰显了当代中国共产党人的自信和勇气，为建设一个长期执政的马克思主义政党指明了方向。

2024 年 4 月 17 日《学习时报》

深刻领悟我们党为什么能自我革命

刘　爽*

勇于自我革命是我们党最鲜明的品格和最大的优势，直接关系党能否永远不变质、不变色、不变味，决定中国特色社会主义事业成败。习近平总书记关于党的自我革命的重要思想，是二十届中央纪委三次全会最重大的成果，是全会精神的“纲”和“魂”，是习近平新时代中国特色社会主义思想的新篇章，标志着我们党对马克思主义政党建设规律、共产党执政规律的认识达到了新高度，为新时代新征程深入推进党的自我革命、全面从严治党提供了强大思想武器和科学行动指南。学习领悟习近平总书记关于党的自我革命的重要思想，一个重要方面就是要深刻理解我们党“为什么能自我革命”，

* 作者系内蒙古自治区党委常委、纪委书记，自治区监委主任。

既要知其“能”，更要悟其所以“能”，从而始终保持思想上的清醒、政治上的坚定、行动上的自觉。

“能”在有习近平新时代中国特色社会主义思想的科学指引。指导思想是一个政党的精神旗帜，没有革命的理论，就没有革命的行动。回顾党的百年奋斗历程，我们党之所以能够历经艰难困苦而不断发展壮大，就在于始终把马克思主义作为行动指南，坚持用马克思主义中国化时代化最新成果武装全党。党的十八大以来，习近平新时代中国特色社会主义思想指引党和国家事业取得历史性成就、发生历史性变革。新时代以来我们走过的每一步，都离不开习近平新时代中国特色社会主义思想的科学指引。其中，在管党治党方面，习近平总书记创造性提出一系列具有原创性、标志性的新理念新思想新战略，形成习近平总书记关于党的自我革命的重要思想。这一重要思想深刻总结新时代全面从严治党丰富实践经验和重要理论成果，深刻思考“我们党作为世界上最大的马克思主义执政党，如何成功跳出治乱兴衰历史周期率、确保党永远不变质不变色不变味”这个摆在全党面前的战略性问题，在毛泽东当年给出“让人民来监督政府”的第一个答案基础上，给出“自我革命”的第二个答案并作出全面阐述，指引百年大党开辟自我革命新境界，展现出强大的真理力量和实践伟力，成为新时代新征程推进党的自我革命的根本遵循。

“能”在有以习近平同志为核心的党中央集中统一领导的政治优势。维护党中央权威和集中统一领导是马克思主义政党的重大建党原则。习近平总书记强调，“党的历史、新中国发展的历史都告诉我们：要治理好我们这个大党、治理好我们这个大国，保证党的团结和集中统一至关重要，维护党中央权威至关重要”。新时代以来，以习近平同志为核心的党中央坚持把党的政治建设摆在首位，把维护党中央权威和集中统一领导作为最高政治原则，把党的领导落实到管党治党、治国理政各领域各方面各环节，严明政治纪律和政治规矩，坚决防止和治理“七个有之”，坚决清除对党中央阳奉阴违的两面人、两面派，不断净化党内政治生态，从根本上扭转了党的领导弱化、党的观念淡化状况，为党和国家事业取得历史性成就、发生历史性变革提供了根本引领和坚强保障。实践充分证明，坚持以习近平同志为核心的党中央集中统一领导，是风雨来袭时中国人民最可靠的主心骨，是党不断取得胜利的关键所在，是自我革命始终沿着正确政治方向稳步前进的根本保证。

“能”在我们党有不谋私利、一切为了人民的价值追求和精神血脉。党的根基在人民、血脉在人民、力量在人民。中国共产党自成立起，就始终把为中国人民谋幸福、为中华民族谋复兴作为初心使命，在任何时候都把群众利益放在第一位，并一以贯之体现到党的全部奋斗之中。革命战争时期，为实现民族独立、人民解放，我们党百折不挠、浴血奋战，团结带领人民夺取了新民主主义革命胜利，建立了新中国，实现了人民当家作主。新中国成立后，为改变我国一穷二白的落后面貌，我们党迎难而上、艰苦奋斗，团结带领人民建立了社会主义制度，取得社会主义建设重大成就。改革开放和社会主义现代化建设新时期，我们党解放思想、实事求是、与时俱进，团结带领人民开辟了中国特色社会主义道路，使中华民族大踏步赶上时代。进入新时代，为了满足人民群众对美好生活的向往，以习近平同志为核心的党中央团结带领全党全国人民坚决打赢脱贫攻坚战，彻底解决了绝对贫困问题，创造了人类减贫史上的奇迹；决胜全面建成小康社会，使中华民族千年梦想一朝梦圆；奋力推动全面深化改革，让发展成果更多更公平地惠及全体人民，极大增强了人民群众的获得感、幸福感、安全感；把推进中国式现代化作为最大的政治，聚焦经济建设这一中心工作和高质量发展这一首要任务，正在把中国式现代化宏伟蓝图一步步变成美好现实。这些伟大成就的取得，成功的密码就在于我们党始终坚持人民至上、紧紧依靠人民、不断造福人民、牢牢植根人民，从来没有自己特殊的利益，所以才能本着彻底的唯物主义精神，从人民根本利益出发，经常检视自身、常思己过，坚决同一切损害党的先进性和纯洁性的因素作斗争；才能摆脱一切利益集团、权势团体、特权阶层的围猎腐蚀，并向党内被这些集团、团体、阶层所裹挟的人开刀；才能让人民信赖我们、支持我们，真心实意帮助我们改正缺点并纠正错误，这是我们党推进自我革命的勇气之源、底气所在。

“能”在我们党有坚持真理、修正错误的历史主动精神。我们党之所以伟大，不在于不犯错误，而在于从不讳疾忌医、不掩饰缺点、不回避问题、不文过饰非，敢于坚持真理、修正错误。进入新时代，我们党直面党内存在的突出问题，刹住了一些过去被认为不容易刹住的歪风邪气，攻克了一些司空见惯的顽瘴痼疾，着力解决党内思想不纯、作风不纯、组织不纯问题，消除了党、国家、军队内部存在的严重隐患，党在革命性锻造中更加坚强。正是因为我们党始终从历史长河、时代大潮、全球风云中分析演变机理、探究历史规律，坚持真理，修正错误，才保证了党长盛不衰并不断发展壮大。

“能”在我们党有自我净化、自我完善、自我革新、自我提高的制度规范体系。制度优势是一个政党、一个国家的最大优势。建党百余年来，我们党在积极推动党的自我革命的同时，及时将加强党的建设行之有效的经验做法上升为制度，不断提升用制度管党治党的能力和水平。特别是党的十八大以来，我们党坚持制度治党、依规治党，与时俱进制定和修订党内法规制度，形成了以党章为根本，以民主集中制为核心，以党的组织法规、领导法规、自身建设法规、监督保障法规为框架的党内法规制度体系，让制度“长牙”“带电”。同时，推动完善党内监督体系，健全党委（党组）全面监督、纪律检查机关专责监督、党的工作部门职能监督、党的基层组织日常监督、党员民主监督的工作格局，推动党内监督与国家机关监督、民主监督、司法监督、群众监督、舆论监督贯通协调，构建起党统一领导、全面覆盖、权威高效的监督体系。经过新时代全面从严治党的革命性锻造，我们党自我净化、自我完善、自我革新、自我提高的制度规范体系更加系统完备、科学规范、运行有效，为推进自我革命提供了根本性、全局性、稳定性、长期性保障。

“能”在我们党有新时代伟大自我革命的成功经验。党的十八大以来，以习近平同志为核心的党中央以“我将无我、不负人民”的崇高精神境界、“得罪千百人、不负十四亿”的强烈使命担当和“虽千万人、吾往矣”的大无畏气概，把全面从严治党纳入“四个全面”战略布局，从制定和落实中央八项规定开局破题，持之以恒正风肃纪，开展史无前例的反腐败斗争，打出一套自我革命的“组合拳”，积累了丰富的经验。习近平总书记在党的十九届六中全会上的重要讲话中指出，党的自我革命是我们党为跳出历史周期率给出的"第二个答案"。在十九届中央纪委六次全会上的重要讲话中，习近平总书记对此作出进一步阐释，指出：全面从严治党的伟大实践，"探索出依靠党的自我革命跳出历史周期率的成功路径"，并概括出"六个坚持"的基本路径、"九个坚持"的主要经验。在二十届中央纪委三次全会上，结合新时代党的自我革命实践经验提出了"九个以"的实践要求。这些宝贵的成功经验，直接来源于新时代自我革命的生动实践，蕴含着深刻的世界观和方法论，深化了对党的自我革命的规律性认识，对我们党在新的伟大征程上推进自我革命具有重大的理论创新价值和深远的实践指导意义。

党的自我革命永远在路上。新征程上，我们要怀着深厚感情、坚定信仰、强烈使命深学细悟习近平总书记关于党的自我革命的重要思想，永葆初心、鼓足信心、坚定决心，始终保持战略定力，坚决落实推进党的自我革命"九个以"的实践要求，把党的自我革命的思路举措搞得更加严密，把每条战线、每个环节的自我革命抓具体、抓深入，以伟大自我革命引领伟大社会革命，以伟大社会革命促进伟大自我革命，为以中国式现代化全面推进强国建设、民族复兴伟业提供坚强保障。

2024 年 4 月 19 日《学习时报》

准确把握“九个以”的实践要求
推进党的自我革命走深走实

廖西元*

习近平总书记在二十届中央纪委三次全会上发表重要讲话，系统阐述党的自我革命的重要思想，科学回答党的自我革命“为什么要”“为什么能”“怎样推进”的重大问题，特别是明确提出“九个以”的实践要求，为新时代新征程深入推进党的自我革命提供了强大思想武器和科学行动指南。

深刻认识“九个以”实践要求的重要意义

“九个以”的实践要求深刻阐述了马克思主义政党

---

* 作者系中央纪委国家监委驻生态环境部纪检监察组组长。

推进自我革命、永葆先进性纯洁性的一系列根本性问题，丰富和发展了马克思主义建党学说。

新时代推进党的自我革命伟大实践的经验总结和理论概括。“九个以”的实践要求，源于对马克思主义执政党建设规律认识的不断深化，形成于新时代全面从严治党的生动实践，有其生成、发展、升华的演进过程。党的十八大以来，以习近平同志为核心的党中央以前所未有的决心力度推进全面从严治党，不断推进实践探索和理论创新。从十九届中央纪委六次全会提出“六个必须”“九个坚持”到党的二十大报告对“完善党的自我革命制度规范体系”作出专门部署，再到二十届中央纪委三次全会明确提出“九个以”的实践要求，习近平总书记深刻总结党自我革命的历史经验特别是新时代全面从严治党的成功经验，创造性提出一系列具有原创性、标志性的新理念新思想新战略，形成习近平总书记关于党的自我革命的重要思想，进一步深化了对不断推进党的自我革命的规律性认识。

我们党深入推进自我革命的行动纲领。“九个以”的实践要求，既有高瞻远瞩的战略擘画，又有系统完备的方法指引，从根本保证、根本目的、根本遵循、战略目标、主攻方向、有效途径、重要着力点、重要抓手、强大动力等层面，对怎样推进自我革命作了总体谋划部署，揭示了习近平总书记关于党的自我革命的重要思想的精髓要义，体现了习近平总书记对深入推进自我革命的深邃思考和战略把握，是新时代新征程上党的自我革命最为关键、最为根本的要求。

我们党深入推进自我革命的根本方法路径。“九个以”的实践要求，对深入推进党的自我革命实践作出战略部署，既部署“过河”的任务，又指导解决“桥”和“船”的问题，使党的自我革命的目标指向更加明晰、方法策略更加科学、路径措施更加有效，推进自我革命的思路举措日益清晰完备，构筑起长期执政条件下党解决自身问题、跳出治乱兴衰历史周期率的成功道路。

准确把握“九个以”实践要求的思想逻辑

“九个以”的实践要求，既有战略安排又有工作部署，既是认识论也是方法论，体现了为什么要自我革命、为什么能自我革命、怎样推进自我革命的辩证统一。同时，“九个以”每个要素之间紧密联系，形成内在统一的有机整体。贯彻落实好“九个以”的实践要求，需要我们准确把握“两个统一”的思想逻辑。

为什么要自我革命、为什么能自我革命、怎样推进自我革命，内在逻辑是辩证统一的。从本质上讲，三者植根于马克思主义政党的性质宗旨、初心使命，是解决大党独有难题实践经验的科学总结。“九个以”的实践要求贯通党为什么要自我革命、为什么能自我革命、怎样推进自我革命三个重大问题。我们党对“三个重大问题”的深刻认识和思考把握，是“九个以”的实践要求的思想基础和逻辑起点；“九个以”的实践要求是对“三个重大问题”规律性认识的实践转化和行动要求。贯彻落实好“九个以”的实践要求，就要从整体上学习、整体上领悟、整体上把握，就要把为什么要、为什么能、怎样推进自我革命贯通起来，坚持辩证思维，准确把握精髓要义，确保领会到位、贯彻到位、落实到位。

“九个以”的实践要求有着深层次的战略思考，涵盖了推进自我革命的根本目的、主攻方向、有效途径、强大动力等内在要素，是紧密联系、相互贯通、内在统一的有机整体。从根本要求看，“九个以”立足全局根本，从坚持党中央集中统一领导、引领伟大社会革命、以习近平新时代中国特色社会主义思想为根本遵循等方面，阐述了党的自我革命的政治保证、使命任务和指导思想，回答了开展自我革命的根本性、方向性、全局性问题，是深入推进自我革命的政治原则和政治保障。从目标任务看，“九个以”立足当前、着眼长远，从跳出历史周期率、解决大党独有难题、健全全面从严治党体系等方面作出战略部署，明确了党的自我革命的目标方向和途径载体，是深入推进自我革命的行动准则和方向指引。从关键举措看，“九个以”从锻造坚强组织和建设过硬队伍、正风肃纪反腐、自我监督和人民监督相结合等方面，阐释了自我革命必须把握的关键要害、突破关口和动力源泉，指明了深入推进自我革命切实可行的实践方法，是深入推进自我革命的科学策略和有效举措。

深入贯彻“九个以”实践要求的工作思考

纪检监察机关是推进党的自我革命的重要力量，要怀着深厚感情、坚定信仰、强烈使命深学细悟习近平总书记关于党的自我革命的重要思想，准确把握“九个以”的实践要求，把思路举措搞得更加严密，把各方面工作抓具体、抓深入。

坚持政治统领，强化理论引领。中国共产党是最高政治领导力量。新时代全面从严治党取得了历史性、开创性成就，开辟了百年大党自我革命新境界，根本在于有习近平总书记领航掌舵，有习近平新时代中国特色社会主义思想科学指引。新征程上，深入贯彻“九个以”的实践要求，要进一步推动增强坚定拥护“两个确立”、坚决做到“两个维护”的政治自觉、思想自觉、行动自觉。进一步推动学深悟透党的创新理论，用习近平新时代中国特色社会主义思想武装头脑、指导实践、推动工作，不断增强政治判断力、政治领悟力、政治执行力。时刻对标对表习近平总书记重要指示批示精神和党中央重大决策部署，着眼实现习近平总书记和党中央的战略意图和决策初衷，进一步强化政治监督，在具体化、精准化、常态化上下功夫，督促推动以党的政治建设为统领，把“两个维护”落实到中国式现代化建设各方面全过程。

坚守政治目标，把准主攻方向。解决大党独有难题，指向的是跳出治乱兴衰历史周期率，着眼的是巩固党的长期执政地位。党的十八大以来，党中央从制定实施中央八项规定这一徙木立信之举入手，坚持全面从严治党，赢得了党心民心，厚植了执政根基。新征程上，深入贯彻“九个以”的实践要求，就要以党的自我革命的政治目标为引领，坚持以严的基调强化正风肃纪，突出常态长效深化落实中央八项规定精神，健全风腐同查同治工作机制，既“由风查腐”又“由腐纠风”，坚决防止享乐主义、奢靡之风反弹回潮，深化纠治形式主义、官僚主义。突出严的基调深化党的纪律建设，以学习贯彻新修订的纪律处分条例为契机，深入开展党纪学习教育，以规范运用“四种形态”为导向严格纪律执行，以压紧压实政治责任为抓手凝聚管党治党合力，充分发挥纪律建设标本兼治的利器作用，使铁的纪律真正转化为党员干部的自觉遵循，推动形成风清气正的党内政治生态和干事创业、担当作为的昂扬精神状态。

坚持系统思维，着力清障护航。反腐败是最彻底的自我革命。党的十八大以来，以习近平同志为核心的党中央领导开展史无前例的反腐败斗争，赢得了党心民心，凝聚起推进强国建设、民族复兴伟业的磅礴力量。新征程上，深入贯彻“九个以”的实践要求，必须清醒认识反腐败斗争形势，保持惩治腐败高压态势，下大气力铲除腐败滋生的土壤和条件，一体推进不敢腐、不能腐、不想腐，坚决打赢反腐败斗争攻坚战持久战。紧盯重点问题、重点领域、重点对象、新型腐败和隐性腐败，分类施策遏增量减存量。强化以案促改、以案促治，常态化做好查办案件“后半篇文章”，通过深化改革阻断腐败滋生蔓延，抓住定政策、作决策、审批监管等关键权力，推动重点领域监督机制和制度建设。强化正反两方面教育，推动新时代廉洁文化建设与党性教育、纪律教育、家风教育融合，健全以案说德、说纪、说法、说责机制，营造廉荣贪耻的社会氛围。

强化自我监督，接受人民监督。自我监督和人民监督是两种主体不同但又相互补充、相互促进的监督形式。只有实现党的自我监督和人民监督有机统一、良性互动，才能推动党的自我革命开创新局面。新征程上，贯彻“九个以”的实践要求，既要强化党的自我监督，也要注重依靠人民监督。发挥党内监督主导作用，使纪律监督、监察监督、派驻监督、巡视监督作用得到充分发挥，推动各类监督贯通协调，形成党的自我监督的强大合力。注重发挥人民监督作用，不断拓展群众监督的路径和渠道，确保权力在阳光下运行。坚持人民至上理念，紧紧扭住保持党同人民群众的血肉联系这个关键，认真解决群众急难愁盼问题，坚持依靠群众、为了群众，把听取、回应群众监督意见建议的过程作为推进党的自我革命的过程，确保永远得到人民的拥护和支持。

全面从严治党永远在路上，党的自我革命永远在路上，我们要深学细悟习近平总书记关于党的自我革命的重要思想，自觉践行“九个以”的实践要求，以锐意进取的精神状态、脚踏实地的务实行动，将伟大自我革命进行到底，以伟大自我革命引领伟大社会革命。

2024 年 4 月 22 日《学习时报》

坚持把党中央集中统一领导贯穿党的自我革命始终

冯志礼*

在习近平总书记关于党的自我革命的重要思想“九个以”的实践要求中，居于首位的就是以坚持党中央集中统一领导为根本保证。这一条要求，是首要的、最根本的，是坚守自我革命的最高政治原则和根本政治方向。办好中国的事情，关键在党。中国共产党领导是中国特色社会主义最本质的特征，坚持党的领导，首要的和最根本的是坚持党中央集中统一领导。新时代新征程，我们推进党的自我革命，必须在党中央坚强领导下统一谋划、统一部署、统一推进，始终沿着正确方向前进，确保党总揽全局、协调各方的领导核心地位坚如磐

* 作者系云南省委常委、省纪委书记，省监委主任。

石，确保中国特色社会主义航船行稳致远。

坚持党中央集中统一领导，是我们党实现自我革命、维护党的先进性和纯洁性的关键所在，是我们党不断从胜利走向胜利的根本保证

坚持党中央集中统一领导，是成熟的马克思主义政党的重大建党原则。马克思、恩格斯在创建和领导无产阶级政党的实践中，明确提出无产阶级政党必须凝聚自己的所有力量，必须维护无产阶级专政的权威，强调如果每一个支部、每一个人都各行其是，党就只能陷入瓦解，就不能成为坚强的组织。在总结巴黎公社教训时，他们深刻指出：“巴黎公社遭到灭亡，就是由于缺乏集中和权威。”列宁进一步指出：“在历史上，任何一个阶级，如果不推举出自己的善于组织运动和领导运动的政治领袖和先进代表，就不可能取得统治地位。”同时，列宁还强调，坚持俄共（布）中央对革命斗争和社会主义建设的集中统一领导，关键在于全体党员和人民群众“服从统一意志”，并且“有组织的统一行动”。正是因为有布尔什维克党的集中统一领导，俄国才能战胜各种错误思想和分裂力量，取得了十月革命的胜利，创建了世界上第一个社会主义国家。也正是因为苏共放弃了集中统一领导，实现所谓各级党组织自治，从思想混乱演变到组织混乱，最后轰然倒塌，走向“红旗落地”的境地。

坚持党中央集中统一领导，是我们党在长期革命、建设、改革过程中形成的优良传统和宝贵经验。始终坚持全党服从党中央集中统一领导、“一切行动听指挥”，这是我们党最大的政治优势、组织优势、制度优势。建党之初，由于没有形成坚强有力的核心、没有形成全党的团结统一，导致大革命失败使党和革命力量遭受惨重损失，中央革命根据地第五次反“围剿”失败，中央红军在长征初期遭受一系列重大挫折。在最危急关头，遵义会议事实上确立了毛泽东在党中央和红军的领导地位，开始确立以毛泽东同志为主要代表的马克思主义正确路线在党中央的领导地位，挽救了党、挽救了红军、挽救了中国革命。从遵义会议开始，我们党逐渐形成了成熟的、有权威性的领导集体，确保了党在思想上的统

一、政治上的团结、行动上的一致。我们党团结带领中国人民取得了新民主主义革命、社会主义革命和建设、改革开放和社会主义现代化建设的伟大成就，实现了经济快速发展和社会长期稳定两大奇迹，“中国之治”与“西方之乱”对比更加鲜明，充分彰显了党中央集中统一领导的制度优势。

坚持党中央集中统一领导，是推进党的自我革命、全面从严治党和党的建设的客观要求。中国特色社会主义大厦需要四梁八柱来支撑，党是贯穿其中的总的骨架，党中央是顶梁柱。习近平总书记指出：“如果党中央没有权威，党的理论和路线方针政策可以随意不执行，大家各自为政、各行其是，想干什么就干什么，想不干什么就不干什么，党就会变成一盘散沙，就会成为自行其是的‘私人俱乐部’，党的领导就会成为一句空话。”党的历史经验表明，凡是党中央权威和集中统一领导坚持得好，党的事业就兴旺发达；反之，党的事业就遭受挫折。新时代以来，针对党内存在的党的领导弱化、党的建设缺失、全面从严治党不力等突出问题，以习近平同志为核心的党中央把全党服从中央、坚持党中央集中统一领导作为党的政治建设的首要任务，改革和完善坚持党的领导的体制机制，严明党的政治纪律和政治规矩，作出一系列重大制度性安排，管党治党宽松软状况得到根本扭转，党中央权威和集中统一领导得到重塑和根本性强化，有力维护了全党的团结统一。

毫不动摇坚持党中央集中统一领导，确保党成为伟大自我革命引领伟大社会革命的中流砥柱

中国共产党在世界形势深刻变化的历史进程中始终走在时代前列。党的二十大报告分析了国际国内形势，实事求是地指出我国发展面临新的战略机遇的同时也面临着严峻的风险挑战。尤其是面对当前世界百年未有之大变局，我国改革发展稳定还面临不少深层次矛盾，“四大考验”“四种危险”还将长期存在。在这样的大背景下，只有通过不断的自我革命，只有毫不动摇坚持党中央集中统一领导，才能确保“上下一条心”，从容应对各种复杂局面，使党始终成为风雨来袭时人民最可靠的主心骨，确保我国社会主义现代化建设正确方向。党

的十八大以来，在伟大斗争实践检验和党心民心选择中，党确立习近平同志党中央的核心、全党的核心地位，确立习近平新时代中国特色社会主义思想的指导地位。在"两个一百年"奋斗目标历史交汇的重大时刻，"两个确立"起到了凝心聚魂、铸根夯基的决定性作用。

坚持党中央集中统一领导，最根本的是坚定拥护"两个确立"、坚决做到"两个维护"。"两个确立""两个维护"是我们党推进伟大社会革命和伟大自我革命取得的重要政治成果、政治经验、政治选择。"两个确立""两个维护"是具体的，不是抽象的。这就要求我们必须学深悟透做实习近平新时代中国特色社会主义思想，始终把坚定拥护"两个确立"、坚决做到"两个维护"作为最高政治原则和根本政治规矩长期坚持下去，坚决守好中国式现代化的本和源、根和魂，切实把坚定拥护"两个确立"、坚决做到"两个维护"贯彻到履职尽责各方面全过程，变成思想自觉、变成党性观念、变成纪律要求、变成实际行动，切实做到忠诚、干净、担当，在党的旗帜下团结成"一块坚硬的钢铁"。

反腐败是最彻底的自我革命，必须坚持党中央对反腐败工作的集中统一领导。目前反腐败斗争形势依然严峻复杂，腐败这个党执政的最大风险仍然存在，铲除腐败滋生土壤任务依然艰巨。领导权问题是关系反腐败斗争成败的关键问题。习近平总书记强调，坚持党中央集中统一领导是最高政治原则。根本目的就是要在错综复杂的国内外形势中维护党的团结统一，把全党的思想和行动统一到党中央精神上来，把党的理论和路线方针政策、党中央决策部署坚决贯彻下去。如果没有党中央定于一尊的权威，就会各自为政、自行其是，反腐败斗争就会失去同心同向、同条共贯、集中力量办大事的前提，根本不可能取得举世瞩目的成就，也根本不可能走出中国特色反腐败之路。只有坚持党中央集中统一领导，才能最终打赢这场输不起也决不能输的重大政治斗争。

充分发挥纪检监察机关在党的自我革命中的职能作用，同一切危害党中央权威和集中统一领导的人和事作坚决斗争

在压责任、纠偏差、防风险上敢于坚决斗争。党的二十大报告强调，完善党的自我革命制度规范体系，形成坚持真理、修正错误，发现问题、纠正偏差的机制。要紧盯责任、打通梗阻，扭住主体责任、坚持问题导向，坚决纠正贯彻落实作选择、搞变通、打折扣，阳奉阴违、自行其是等问题；坚决纠治想问题、干工作只从地方或部门利益出发、顾小局不顾大局等问题；坚决纠治责任传导不到位、“上热中温下冷”等问题，切实打通贯彻执行中的堵点淤点难点。督促各级各部门有效应对各类风险挑战，及时发现并督促校准政治偏差，警惕“黑天鹅”、防范“灰犀牛”，充分研究和预判可能遇到的困难和问题，针对可能出现的重大风险精准布防、有效化解，用铁的纪律维护党的团结统一，确保全党统一意志、统一行动，步调一致前进。

在严明政治纪律和政治规矩上敢于坚决斗争。坚定维护党中央权威和集中统一领导，是我们党的政治命脉，是最根本的政治要求、最重要的政治纪律和政治规矩，必须旗帜鲜明地拥护、坚决有力地践行。要结合重大案件查处，坚持从政治纪律查起。坚决抵制“山头主义”“头人政治”“圈子文化”，坚决查处背离“两个维护”、存在“七个有之”、搞政治腐败、拉票贿选以及结交政治掮客、政治骗子等行为，坚决清除同党离心离德的“两面人”、结党营私的“小团伙”、阳奉阴违的“伪忠诚”，坚决防止领导干部成为利益集团和权势团体的代言人、代理人，确保广大党员干部把对党绝对忠诚体现在一言一行中、落实到每一项工作上，保证党的团结统一，维护党和国家政治安全。在斗争中自觉经受考验、对党绝对忠诚，宁可得罪个别人、少数人，也不能违反党的原则、党的纪律。

在坚决破除形式主义、官僚主义上敢于坚决斗争。当前，形式主义、官僚主义是党内存在的突出矛盾和问题，是坚持党中央集中统一领导的“拦路虎”“绊脚石”，是我们党的大敌、人民的大敌。要坚持以人民为中心的发展思想，坚持把整治形式主义、官僚主义作为刹风整纪、反对“四风”的首要任务、长期任务，纳入巡视巡察、执纪审查和日常监督重要内容。完善群众点题、纪委答题，及时纠治、推动整改工作机制，深挖彻查重大事件事故、社会舆情事件背后的形式主义、官僚主义。在清廉建设中探索完善一体推进纠“四风”树新风和作风革命效能革命长效机制，深化运用小切口、大纵深纠治方式，坚持从党员干部身边的形式主义、官僚主义抓起，持续推进以“小”见严纠“四风”“固堤行动”。坚持破立并举、标本兼治，扎紧制度笼子，完善细化对形式主义、官僚主义的惩戒机制，深化运用“先通报、后核查、再处置”，以事立案、提级办理等措施，推动党员干部多在实效上用真功夫、少在形式上动歪脑筋。

2024 年 3 月 27 日《学习时报》

以引领伟大社会革命为根本目的

夏红民*

在二十届中央纪委三次全会上，习近平总书记深刻阐述党的自我革命的重要思想，明确提出“九个以”的实践要求，其中强调“以引领伟大社会革命为根本目的”，深刻揭示了“两个革命”辩证统一关系的真谛，明确了党的自我革命的方向所在、目标所在，为新征程更加自觉以党的自我革命引领伟大社会革命提供了科学指南。

“以引领伟大社会革命为根本目的”蕴含的逻辑必然性

从政治逻辑看，这是马克思主义政党与生俱来的

* 作者系山东省委常委、省纪委书记，省监委主任。

先进品格。马克思主义政党具有天然的革命性和人民性，以解放全人类和实现共产主义为己任。中国共产党传承了马克思主义政党勇于自我革命的政治基因，肩负着为人民谋幸福、为民族谋复兴、为世界谋大同的光荣使命，“以引领伟大社会革命为根本目的”集中彰显了中国共产党人的初心使命、历史自觉和政治担当。

从理论逻辑看，这是对立统一规律的深刻运用。外因是变化的条件，内因是变化的根据，外因通过内因起作用。内在的自我革命保障和推动伟大的事业，外在的社会革命锻造和成就伟大的党，在“两个革命”的辩证统一、互促共进中，充分体现出我们党改造主观世界和客观世界的自觉主动。

从历史逻辑看，这是我们党百余年奋斗的宝贵经验。回顾百年党史，我们党以刀刃向内的勇气推进自我革命，在不断解决自身问题的过程中形成正确的纲领和路线方针政策，从而团结带领人民取得社会革命一个又一个伟大胜利。所以说，一部党史就是始终以自我革命引领社会革命的历史。

从现实逻辑看，这是新时代我们党治国理政的鲜明昭示。党的十八大以来，以习近平同志为核心的党中央始终保持解决大党独有难题的清醒和坚定，把全面从严治党纳入“四个全面”战略布局，打出一套自我革命的“组合拳”，推动党和国家事业取得历史性成就、发生历史性变革，展现出以中国式现代化全面推进强国建设、民族复兴伟业的光明前景。

紧紧围绕推进中国式现代化这个最大的政治，以永远在路上的坚韧和执着把自我革命进行到底

历史潮流奔涌向前，伴随着党的自我革命纵深推进，社会革命也不断与时俱进、深化拓展。纪检监察机关作为推进党的自我革命的重要力量，要深入学习领悟习近平总书记关于党的自我革命的重要思想，深刻理解把握“以引领伟大社会革命为根本目的”的内涵要义，紧紧围绕党的中心任务来谋划和推进党的自我革命，全力为以中国式现代化全面推进强国建设、民族复兴伟业提供坚强保障，作出纪检监察贡献。

坚持党的领导是中国式现代化的根本所在，必须以强有力的政治监督确保现代化建设正确方向。中国式现代化是中国共产党领导的社会主义现代化。纪检监察机关作为党的忠诚卫士，必须深刻领悟"两个确立"的决定性意义，走好践行"两个维护"第一方阵，以具体化、精准化、常态化的政治监督，确保现代化建设不迷航、不偏向、不走样。铸牢政治之魂。坚持用习近平新时代中国特色社会主义思想凝心铸魂、统领纪检监察一切工作，持续在深化、内化、转化上下功夫，坚持好、运用好贯穿其中的立场观点方法，自觉做党的创新理论的笃信笃行者。勇担政治之责。将履行监督第一职责与服务发展第一要务紧密结合，紧紧围绕党中央大政方针和习近平总书记重要指示批示，围绕"三新一高"、因地制宜发展新质生产力、科技自立自强、保障改善民生等党中央因时因势作出的重大部署，强化监督检查、巡视巡察，推动一贯到底、落地生根。对标对表习近平总书记对山东工作的重要指示要求，持续深化黄河重大国家战略专项监督，紧盯推进绿色低碳高质量发展先行区建设，扎实开展护航优化营商环境专项行动，深化运用“一台账、两清单、双责任、双问责”监督机制和政治监督活页，打造跨地区跨部门重大战略协同监督品牌，确保“国之大者”落地见效。擦亮政治慧眼。聚焦政治忠诚、政治安全、政治责任、政治立场和党内政治生活，及时发现、着力解决“七个有之”问题，坚决纠正有令不行、有禁不止、作选择搞变通打折扣等问题，坚决查处不顾大局、搞部门和地方保护主义等问题，以严明的政治纪律维护党的团结统一，确保党的领导在现代化建设中得到全面、系统、整体落实。

健康有序环境是中国式现代化的基本要求，必须为经济社会高质量发展清障护航。腐败扰乱市场秩序、破坏公平正义，是现代化建设的“拦路虎”“绊脚石”。纪检监察机关作为反腐败主力军，必须冲锋在前，一体推进不敢腐、不能腐、不想腐，有力铲除腐败滋生的土壤和条件，为中国式现代化清淤排障。靶向发力保持高压态势。以零容忍的态度和力度，严惩领导干部插手市场经济活动、设租寻租等腐败行为，坚决防止领导干部成为利益集团和权势团体的代言人、代理人，坚决防止政商勾连、资本向政治领域渗透；深入推进金融、国企、能源、烟草、医药、基建工程和招投标等重点领域反腐败，出重拳、下狠手，集中优势兵力打歼灭战；紧盯新的经济业态和产业模式中的腐败新表现，深化纠治新型腐败和隐性腐败，坚决割除腐蚀国民经济健康肌体的“毒瘤”。源头治理提升综合效能。善于从个案清除、重点惩治中提出深化体制机制改革的对策建议，推动强化行业监管和内部治理，完善重点领域、新兴领域廉洁风险防范机制，把治理腐败成效充分体现到促进经济社会高质量发展上。激浊扬清构建优良生态。强化受贿行贿一起查，严肃查处那些老是拉干部下水、危害一方的行贿人，纵深推进铲除“围猎”这个政治生态污染源。抓好新时代廉洁文化建设，加强党性教育、廉政教育、警示教育，宣传廉洁理念、廉洁典型，促进关键领域清廉建设，推动形成廉荣贪耻的浓厚氛围，为现代化建设打造廉洁生态。

优良纪律作风是中国式现代化的重要保障，必须涵养求真务实、清正廉洁的新风正气。现代化建设离不开一支纪律作风优良的党员干部队伍。纪检监察机关作为党的“纪律部队”，必须坚持党性党风党纪一起抓，通过明方向、立规矩、正风气、强免疫，凝聚现代化建设的强大正能量。纠风治乱弘正气。深刻把握抓党风政风带社风民风的规律，持续加固中央八项规定堤坝，开展违规吃喝专项整治，健全风腐同查同治工作机制，严防享乐奢靡之风反弹回潮。重拳整治形式主义、官僚主义，坚决纠治影响党中央决策部署落实落地、加重基层负担、权力观扭曲、政绩观错位等问题，坚决刹住搞“政绩工程”、数据造假以及“新形象工程”等歪风邪气，打通现代化建设的“中梗阻”。弘扬党的优良传统和作风，引导党员干部牢记“三个务必”、践行“三严三实”，做到崇尚实干、不务虚功。严字当头明规矩。深化党的纪律建设，扎实开展党纪学习教育，引导党员干部把遵规守纪内化为日用而不觉的言行准则。规范运用“四种形态”，对违反党纪的问题发现一起查处一起，切实把严的标准树立起来、把严的纪律执行到位，既让铁纪“长牙”、发威，又让干部重视、警醒、知止。

增进人民福祉是中国式现代化的终极目标，必须让现代化建设成果普惠群众。发展的根本目的就是让人民过上好日子。纪检监察机关作为群众利益的忠实守护者，必须以执纪执法为民的具体行动实现好、维护好、发展好群众切身利益。助力实现共同富裕。紧盯党中央惠民富民、促进共同富裕各项政策措施强化监督，聚焦打造乡村振兴齐鲁样板，推动重要政策、重大资金、重点项目落地落实，确保广大群众看见变化、得到实惠。着力惩治“蝇贪蚁腐”。瞄准教育、就业、医疗等民生领域的痛点难点，严查贪污侵占、截留挪用、虚报冒领、吃拿卡要等行为，推动扫黑除恶“打伞破网”常态化机制化，使群众的获得感、幸福感、安全感更加可知、可感、可及。织密基层监督网络。做强基层纪检监察监督，提升基层纪检监察机关监督办案能力，更大范围整合运用县乡村监督力量，强力推进群众身边不正之风和腐败问题集中整治，让群众感受到全面从严治党就在身边。践行新时代“枫桥经验”，完善业务外重点信访事项联动处置、纪检监察重复举报常态化办理等机制，推动解决群众急难愁盼问题。

激励担当作为是中国式现代化的关键因素，必须形成奋进新征程、建功新时代的生动局面。现代化建设是拼出来、干出来的。纪检监察机关也是干部之家，必须把从严管理监督和鼓励担当作为高度统一起来，落实“三个区分开来”要求，激励党员干部争当开拓创新的先行者、敢作善为的实干者、锐意进取的奋斗者。坚持抓早抓小。注重用好第一种形态，综合运用谈话提醒、批评教育、责令检查、诫勉等方式，完善纪委负责人同下级党委（党组）“一把手”开展党内谈话等制度，让党员干部尽可能不犯错误、少犯错误、不犯原则性错误，集中精力投身现代化建设。支持干事创业。加大容错纠错、澄清正名、严查诬告陷害等工作力度，为干部当好坚实后盾，最大限度保护和调动其积极性、主动性和创造性。完善尽职免责、失职追责、精准问责长效机制，防止和纠正基层追责问责泛化简单化、不精准不规范等问题，以精准追责问责激发党员干部干事担事的精气神。释放组织温暖。把惩前毖后、治病救人方针落实到监督执纪执法全过程，坚持实事求是、贯通纪法情理、用好政策策略，做实思想政治工作，最大限度团结人、教育人、挽救人。加强对受处理处分干部的关爱帮扶，使其从内心深处相信组织、感恩组织，努力实现从有错到有为的转变。

2024 年 4 月 24 日《学习时报》

以习近平新时代中国特色社会主义思想为根本遵循

王新哲*

习近平总书记在二十届中央纪委三次全会上发表重要讲话，从统筹把握中华民族伟大复兴战略全局和世界百年未有之大变局的高度，全面总结新时代全面从严治党的丰富实践经验和重要理论成果，深刻阐述党的自我革命的重要思想，特别是明确提出深入推进党的自我革命"九个以"的实践要求，其中"以习近平新时代中国特色社会主义思想为根本遵循"，更是明确了新时代推进党的自我革命的指导思想，充分彰显了党的创新理论对于自我革命的根本性、全局性、指引性作用。新时代新征程，只有坚持不懈用习近平新时代中国特色社会主

* 作者系中央纪委国家监委驻水利部纪检监察组组长、水利部党组成员。

义思想凝心铸魂，淬炼自我革命的锐利思想武器，才能不断推动党的自我革命取得更大成效。

深刻领悟习近平新时代中国特色社会主义思想的真理力量和实践伟力，着力增强推进自我革命的政治自觉、思想自觉、行动自觉

拥有马克思主义科学理论指导是我们党坚定信仰信念、把握历史主动的根本所在。习近平新时代中国特色社会主义思想是马克思主义中国化时代化新的飞跃，为新时代党和国家事业发展提供了根本遵循，也是新时代纪检监察工作的行动指南。党的十八大以来的实践证明，只有把习近平新时代中国特色社会主义思想领会深领会透，自觉用以武装头脑、指导实践、统领纪检监察一切工作，党的自我革命事业才能无往而不胜。纪检监察机关作为推进党的自我革命的重要力量，必须充分把握习近平新时代中国特色社会主义思想特别是习近平总书记关于党的自我革命的重要思想的政治意义、理论意义和实践意义，切实用以统一思想、统一意志、统一行

动，一刻不停推进全面从严治党。

坚持以习近平新时代中国特色社会主义思想为根本遵循，是坚定拥护“两个确立”、坚决做到“两个维护”的应有之义。党的十八大以来，习近平总书记以伟大的历史主动精神、巨大的政治勇气、强烈的责任担当，统揽伟大斗争、伟大工程、伟大事业、伟大梦想，推动党和国家事业取得历史性成就、发生历史性变革，中华民族伟大复兴由此进入了不可逆转的历史进程。习近平总书记科学回答中国之问、世界之问、人民之问、时代之问，创立了习近平新时代中国特色社会主义思想。实践证明，“两个确立”是党在新时代取得的重大政治成果，是推动党和国家事业取得历史性成就、发生历史性变革的决定性因素，是我们党应对一切不确定性的最大确定性、最大底气、最大保证。纪检监察机关是党和人民的忠诚卫士，肩负“两个维护”的重大政治责任，必须更加深刻领悟“两个确立”的决定性意义，始终在思想上政治上行动上同以习近平同志为核心的党中央保持高度一致。

坚持以习近平新时代中国特色社会主义思想为根本遵循，是解决大党独有难题、一刻不停推进全面从严治党的必然要求。我们党作为世界上最大的马克思主义执政党，时刻保持解决大党独有难题的清醒和坚定，关系党的生死存亡、关系党的兴衰成败，是党在新时代必须回答好、解决好的问题。党的十八大以来，习近平总书记以前所未有的勇气和定力推进党风廉政建设和反腐败斗争，探索出依靠党的自我革命跳出历史周期率的成功路径，全面从严治党取得了历史性、开创性成就，产生了全方位、深层次影响。但是，全面从严治党还远未到大功告成的时候，党面临的“四大考验”“四种危险”长期存在，党内“四个不纯”突出问题依然存在。全面从严治党永远在路上，党的自我革命永远在路上。要坚定不移用习近平新时代中国特色社会主义思想特别是习近平总书记关于党的自我革命的重要思想武装头脑、指导实践、推动工作，增强战略定力，保持战略清醒，敢于善于斗争，深入推进新时代党的建设新的伟大工程。

坚持以习近平新时代中国特色社会主义思想为根本遵循，是推进新征程纪检监察工作高质量发展的根本保证。党的十八大以来，习近平总书记对纪检监察工作高度重视、寄予厚望，对纪检监察工作和纪检监察干部队伍建设作出决策部署，为纪检监察机关履职提供了根本指引。习近平总书记在多个场合对纪检监察工作提出一系列重要要求，因时因势作出一系列重要指示批示，在事关方向性、原则性重大问题上把关定向，在重大改革、重大部署上运筹帷幄，在重大任务、重大工作推进上悉心指导。作为亲历者、见证者、践行者，我们深切感受到，纪检监察工作前进的每一步，都离不开习近平总书记的坚强领导，都离不开习近平新时代中国特色社会主义思想的科学指引。面向新征程，必须持之以恒从习近平新时代中国特色社会主义思想中找办法、找答案，深学习、实调研、抓落实，以强化理论学习指导发展实践，以深化调查研究推动解决问题，以狠抓工作落实彰显对党忠诚，促进党的自我革命向纵深发展。

深刻把握习近平总书记关于党的自我革命的重要思想的精神要义和实践要求，以永远在路上的坚韧执着把党的自我革命进行到底

二十届中央纪委三次全会深刻阐述习近平总书记关

于党的自我革命的重要思想，这是我们党坚持“两个结合”推进理论创新取得的新成果。作为习近平新时代中国特色社会主义思想的重要组成部分，这一重要思想极大丰富和发展了马克思主义建党学说，也为新时代新征程深入推进全面从严治党、党风廉政建设和反腐败斗争提供了根本遵循。要深学细悟习近平新时代中国特色社会主义思想特别是习近平总书记关于党的自我革命的重要思想，确保党的创新理论真正融会于心、贯穿于行、见之于效。

牢牢把握这一重要思想的根本目标和价值追求。习近平总书记指出，要在世界马克思主义政党命运比较和我们党长期执政面临的现实考验中深化对党的自我革命战略思想的规律性认识。回顾百年党史，党的自我革命和社会革命始终辩证统一。党的十八大以来，习近平总书记把全面从严治党纳入“四个全面”战略布局，打出一套自我革命的“组合拳”，党在革命性锻造中更加坚强。党的二十大作出了以中国式现代化全面推进强国建设、民族复兴的战略决策，这对推进党的自我革命提出了新的更高要求。我们必须紧紧围绕党的中心任务谋划推进党的自我革命，用伟大社会革命发展成果检验党的自我革命的成效，确保党始终不变质不变色不变味，始终成为中国特色社会主义事业的坚强领导核心。

牢牢把握这一重要思想的精神实质和深刻内涵。习近平总书记关于党的自我革命的重要思想深刻回答了我们党“为什么要自我革命”的重大问题，指明了确保全党永葆初心、担当使命的根本任务；深刻回答了我们党“为什么能自我革命”的重大问题，坚定了全党用好“第二个答案”、解决大党独有难题的信心决心；深刻回答了我们党“怎样推进自我革命”的重大问题，展现了党永葆生机活力、走好新的赶考之路的光明前景。这三个重大问题，是对“第二个答案”的全面阐释，解决了党的自我革命的根本性问题，是习近平总书记关于党的自我革命的重要思想的精髓要义。要从百年大党长期执政的政治高度和中华民族千秋伟业的历史视角去深入学习体悟，更加坚定解决大党独有难题的信心决心，自觉融入血脉、注入灵魂。

牢牢把握这一重要思想的战略部署和实践要求。习近平总书记深刻总结全面从严治党的历史经验特别是新时代以来的实践创新，系统提出“九个以”的实践要求，明确推进自我革命的根本保证、根本目的、根本遵循、战略目标、主攻方向、有效途径、重要着力点、重要抓手和强大动力，既部署“过河”的任务，又指导解决“桥和船”的问题，构成了一个系统完整、逻辑严密、有机统一、相互贯通的科学体系。要立足纪检监察职责使命，将“九个以”的实践要求贯通起来学习领悟，进一步深化对党的自我革命的规律性认识，善于运用党的创新理论把握事物本质、把握发展规律、把握工作关键、把握政策尺度，加强前瞻性思考、全局性谋划、整体性推进，把纪检监察工作的思路举措搞得更加科学、更加严密、更加有效。

坚定不移用习近平新时代中国特色社会主义思想统领纪检监察一切工作，确保新征程上党的自我革命始终沿着正确方向前进

伟大思想的生命力在于实践。今年是中华人民共和国成立 75 周年，是实现“十四五”规划目标任务的关

键一年，也是习近平总书记发表保障国家水安全重要讲话10周年，做好水利纪检监察工作责任重大、使命光荣。要坚持以习近平新时代中国特色社会主义思想特别是习近平总书记关于党的自我革命的重要思想为统领，全面贯彻落实党的二十大精神和二十届中央纪委三次全会部署，纵深推进水利部系统正风肃纪反腐，纵深推进新征程水利纪检监察工作高质量发展，为以中国式现代化全面推进强国建设、民族复兴伟业提供有力的水安全保障。

立足“凝心铸魂”的主题主线，深化拓展主题教育成果。认真贯彻落实党中央《关于巩固拓展学习贯彻习近平新时代中国特色社会主义思想主题教育成果的意见》，不断健全学习贯彻党的创新理论的制度机制，特别是抓好“第一议题”学习制度、落实好“三会一课”等制度，推动思想上不断正本清源、固本培元，进一步坚定理想信念、铸牢对党忠诚、站稳人民立场，更加坚决同危害党中央权威和集中统一领导的言行作斗争，促进全党始终保持统一的思想、坚定的意志、协调的行动、强大的战斗力。

立足“具体化精准化常态化”的目标要求，强化政治监督。要把坚定拥护“两个确立”、坚决做到“两个维护”作为最高政治原则和政治监督根本任务，紧紧围绕习近平总书记治水思路、治水重要论述和关于治水的重要指示批示精神贯彻落实情况加强政治监督，跟进监督国家“江河战略”、国家水网建设、黄河流域生态保护和高质量发展、长江经济带高质量发展等落实情况。持续加强对中央巡视反馈问题、审计发现问题整改落实的监督，探索跨地区跨部门的协同监督机制，使监督更加规范、有力。

立足“不能回头、不能松懈、不能慈悲”的态度立场，加强正风肃纪反腐。当前，水利系统、水利行业在基建工程和招投标等重点领域腐败问题存量还未清底、增量仍有发生，“靠水吃水”“吃喝之风”“奢靡之风”“风腐一体”等问题屡禁不止。要始终保持清醒和坚定，坚定扛起专责机关职责，深化整治水利基建工程领域的腐败问题，开展水利部系统违规吃喝问题专项整治，始终保持高压态势。深化以案促改、以案促教、以案促治，把水利廉洁文化融入水利部系统党的宣传思想文化工作，培育和推动形成廉荣贪耻、向上向善的部风行风。以党纪学习教育为契机，认真抓好新修订的《中国共产党纪律处分条例》学习贯彻，教育引导党员干部学纪、知纪、明纪、守纪，切实养成纪律自觉、守住行为底线，坚决铲除腐败问题产生的土壤和条件。

立足“高效协同、系统集成”的方向原则，不断健全全面从严治党体系。深入推进党的自我革命实践，要以健全全面从严治党体系为有效途径。贯通把握治水规律和监督规律，深化运用沿黄河、沿长江经济带、京津冀等水利纪检监察沟通协调机制，推动纪检监察监督与审计、巡视、财会等其他监督的贯通融合，形成互联互通、互相支持、协同配合的“大监督”格局，推动监督体系更加契合水利部系统领导体制和治理体系。

立足“绝对忠诚、绝对可靠、绝对纯洁”的重要要求，持续深化自身建设。要加强政治教育、党性教育，常态化开展纪律警示教育，常态化检视整治干部队伍的突出问题，锻造纯度更高、成色更足的铁军。压紧压实水利部系统各级纪检机构管党治党责任，坚决防止只管业务、不管干部，及时发现和纠正队伍建设上的问题隐患，有针对性完善内控机制。深化全员培训，坚持业务全链条、人才全覆盖培训，不断提高能力素质，切实做到让党中央放心、让人民群众满意。

2024 年 5 月 1 日《学习时报》

以跳出历史周期率为战略目标

王拥军 *

在二十届中央纪委三次全会上，习近平总书记深刻阐述党的自我革命的重要思想，明确了推进自我革命“以跳出历史周期率为战略目标”。我们必须深刻体悟习近平总书记提出这一实践要求的重大现实意义、深远历史意义和长远战略意义，保持高度政治警醒和敏锐政治洞察，坚定不移把每条战线、每个环节的自我革命抓具体、抓深入，及时清除侵蚀党的健康肌体的病毒，及时消除损害党的执政根基的各种隐患，始终保持党的肌体健康，切实走稳走好跳出治乱兴衰历史周期率的成功路径。

* 作者系山西省委常委、省纪委书记，省监委主任。

坚持不懈用党的创新理论凝心铸魂

一个政党要始终走在时代前列、跳出历史周期率，就一刻也离不开科学理论的指引。中国共产党是马克思主义理论武装起来的先进政党，拥有科学理论指引是我们党能够始终把握历史主动的根本所在，也是我们党能够跳出历史周期率的坚定信念所在。习近平新时代中国特色社会主义思想是新时代党的理论创新、实践创新、制度创新成果的集大成，实现了马克思主义中国化时代化新的飞跃。习近平总书记关于党的自我革命的重要思想，全面、系统地阐释跳出历史周期率的“第二个答案”，是习近平新时代中国特色社会主义思想的新篇章，彰显了我们党永葆生机活力、走好新的赶考之路的光明前景。实现跳出历史周期率的战略目标，必须坚持不懈用习近平新时代中国特色社会主义思想凝心铸魂，持续在深化、内化、转化上下功夫，不断夯实对党绝对忠诚的思想政治根基，更加坚定拥护“两个确立”、坚决做到“两个维护”。教育引导党员干部汲取其中蕴含的坚定理想信念、加强党性锻炼、提升精神境界和道德水平等思想营养，不断去杂质、除病毒、防污染，淬炼自我革命的锐利思想武器，增强自我革命的坚定性。教育引导党员干部始终牢记我是谁、为了谁、依靠谁，坚守奠基创业时的初心，坚守党的理想信念宗旨，增强为党分忧、为国奉献、为民造福的政治担当，在风浪考验中立住脚，在诱惑“围猎”前定住神，在复杂严峻斗争中永葆政治本色。教育引导党员干部在重大政治原则和大是大非问题上旗帜鲜明、无私无畏，不信邪、不怕鬼、不怕压，自觉同破坏党的团结统一的人和事作斗争，始终心往一处想、劲往一处使，做到凝心聚力、众志成城，确保全党紧密团结在党中央周围、步调一致向前进。

坚持不懈强化全面从严治党引领保障

全面从严治党是新时代党的自我革命的伟大实践，也是我们党致力于跳出历史周期率的路径探索。党的十八大以来，以习近平同志为核心的党中央以前所未有的勇气和定力推进全面从严治党，赢得了保持同人民群众的血肉联系、人民衷心拥护的历史主动，赢得了全党高度团结统一、走在时代前列、带领人民实现中华民族伟大复兴的历史主动。实现跳出历史周期率的战略目标，必须充分发挥全面从严治党政治引领和政治保障作用，进一步形成依靠党的自身力量发现问题、纠正偏差、推动创新、实现执政能力整体性提升的良性循环。牢牢把握高举中国特色社会主义伟大旗帜这个核心，督促推动各级各部门严格遵照党的大政方针谋划战略、制定政策、部署任务、推进工作，严格执行中国特色社会主义根本制度、基本制度、重要制度，坚决同偏离道路、违反制度的行为作斗争，做到道不变、志不改。牢牢把握坚持党中央集中统一领导这个根本，督促推动各级各部门增强贯彻落实习近平总书记重要指示批示和党中央决策部署的自觉性，确保抓落实忠实于政策制定初衷、实现预期目标、取得应有实效，做到看齐紧跟、见行见效。牢牢把握在正确轨道上行使权力这个关键，督促推动各级各部门从基础制度严起、从日常规范抓起，加强对权力运行各个环节的全过程监督，构建决策科学、执行坚决、监督有力的权力运行机制，做到秉公用权、廉洁用权。牢牢把握巩固和加强各方面团结这个基础，督促推动各级各部门准确把握从严管党治党与激励担当作为的内在联系，充分调动党员干部干事创业的积极性主动性，充分发挥亿万人民的创造伟力，依靠团结斗争打开事业发展新天地，做到统一意志、统一行动。

坚持不懈践行人民至上根本价值追求

一个政党，一个政权，其前途命运取决于人心向背。我们党作为马克思主义政党，始终代表最广大人民根本利益，没有任何自己特殊的利益，从来不代表任何利益集团、任何权势团体、任何特权阶层的利益，这是我们党能够始终保持先进性和纯洁性的奥秘所在，也是我们党完全能够依靠自身力量解决自身问题的勇气之源。实现跳出历史周期率的战略目标，必须始终坚持人民至上，始终在为谁执政、为谁用权、为谁谋利这个根本问题上头脑清醒，经常检视自身、常思己过，真正同人民想在一起、干在一起，不断赢得人民衷心拥护，始终做到不变质、不变色、不变味。让发展成果更多更公平惠及全体人民，坚持发展为了人民、发展依靠人民、发展成果由人民共享，想问题、作决策、定目标都把人民放在心中最高位置，带领人民共同把“蛋糕”做大、分好，不断增进民生福祉，坚定不移走共同富裕道路。切实解决群众急难愁盼问题，走好群众路线，大兴调查研究，倾听群众呼声、关心群众疾苦，采取更多惠民生、暖民心的举措，一件接着一件办，一年接着一年干，让群众看到变化、得到实惠，进一步密切党同人民群众的血肉联系。持续整治群众身边腐败和不正之风，深入纠治民生领域的“微腐败”、放纵包庇黑恶势力的“保护伞”、妨碍惠民政策落地的“绊脚石”，以良好党风政风带动社风民风，让人民群众的获得感成色更足、幸福感更可持续、安全感更有保障，不断厚植党长期执政的群众根基。

坚持不懈强力反腐惩恶保持肌体健康

腐败是危害党的生命力和战斗力的最大毒瘤，反腐败是最彻底的自我革命，是一场输不起也决不能输的重大政治斗争。党的十八大以来，以习近平同志为核心的党中央以“得罪千百人、不负十四亿”的使命担当祛疴治乱，坚持有案必查、有腐必惩，“打虎”“拍蝇”“猎狐”多管齐下，坚决消除腐败这个最大危险，反腐败斗争取得压倒性胜利并全面巩固，凝聚了党心军心民心。实现跳出历史周期率的战略目标，必须直面反腐败斗争依然严峻复杂的形势，始终保持永远在路上的坚韧和执着，一体推进“三不腐”，深化标本兼治、系统施治，下大气力铲除腐败滋生的土壤和条件。始终坚持动态清除、常态惩治，坚持态度不变、力度不减、重心不偏，紧盯各级“一把手”、党的二十大后新提任领导干部、重点岗位领导干部、年轻领导干部等重点人员，紧盯党的十八大以来不收敛不收手、群众反映强烈的领导干部，更加有力遏制增量、有效清除存量。始终坚持重点突破、带动全局，把严惩政商勾连腐败作为攻坚战的重中之重，深化整治金融、国企、能源、医药、基建工程和招投标等权力集中、资金密集、资源富集领域的腐败，联合处置新型腐败、隐性腐败问题，坚决防止系统性行业性腐败风险。始终坚持源头治理、系统治理，深化以案促改促治促教，用好类案分析方法，深入推进重点领域不能腐制度建设和监督机制改革，加快新兴领域治理机制建设，完善权力配置和运行制约机制，健全对重点行贿人的联合惩戒机制，加强新时代廉洁文化建设，推动防范和治理腐败问题常态化长效化，确保党的长期执政地位基业长青、坚如磐石。

2024 年 5 月 3 日《学习时报》

以解决大党独有难题为主攻方向

王庭凯*

在二十届中央纪委三次全会上，习近平总书记深刻阐述党的自我革命的重要思想，明确提出深入推进党的自我革命“九个以”的实践要求。其中，“以解决大党独有难题为主攻方向”指明了党自我革命的战略重点，彰显了我们党适应时代、把握时代、引领时代的高度自觉和历史主动。新时代新征程上，必须聚焦主攻方向、坚定信心决心，持之以恒推进全面从严治党，坚定不移推进党的自我革命，在不断解决大党独有难题中彰显大党优势。

* 作者系天津市委常委、市纪委书记，市监委代理主任。

深刻把握解决大党独有难题的历史逻辑、现实要求和时代意义

大党独有难题，“大”体现在我们党规模之大、组织之巨，是世界最大的马克思主义政党；“独”体现在我们党在世界人口最多的国家长期执政，面临的问题与其他政党相比具有特殊性；“难”体现在治党治国中矛盾风险挑战前所未有、层出不穷。解决大党独有难题，是实现新时代新征程党的使命任务必须迈过的一道坎，是全面从严治党适应新形势新要求必须啃下的硬骨头。

从百年大党历史实践看，解决大党独有难题与推进党的自我革命是紧密联系、相互贯通的。中国共产党百余年的奋斗史就是一部不断破解大党独有难题的历史。从八七会议、古田会议到遵义会议，从延安整风运动到党的十一届三中全会，再到新时代全面从严治党，我们党总是敢于正视问题、克服缺点，与时俱进、砥砺前行。历史和实践都表明，我们党不断推进自我革命的过程实际上就是不断发现、研究和解决自身问题的过程，这也是把解决大党独有难题作为推进党的自我革命主攻

方向的道理所在。

从百年大党自身建设看，解决大党独有难题是确保党始终不变质、不变色、不变味的必然要求。我们党是世界上最大的政党，在人口最多的国家长期执政，历史久、人数多、规模大。必须清醒看到，党面临的“四大考验”“四种危险”将长期存在，党的建设特别是党风廉政建设和反腐败斗争面临不少顽固性、多发性问题。只有以时代发展的要求审视自己、以强烈的忧患意识警醒自己、以自我革命精神锻造自己，充分发挥“大的优势”，逐一破解“大的难处”，才能使我们党始终保持先进性、纯洁性。

从百年大党使命任务看，解决大党独有难题是以中国式现代化全面推进强国建设、民族复兴伟业的客观需要。当前，以中国式现代化全面推进强国建设、民族复兴伟业是最大的政治，是党的中心任务，是一项前无古人的开创性事业。社会革命任务越艰巨，自我革命就要越彻底。面对世界百年未有之大变局加速演进，面对艰巨繁重的改革发展稳定任务，只有深刻认识、准确把握、坚决解决我们这个百年大党存在的突出问题，才能把党建设好建设强，使党永葆旺盛生命力和强大战斗力，始终成为强国建设、民族复兴最可靠的主心骨。

聚焦“六个如何始终”着力解决大党独有难题

习近平总书记在二十届中央纪委二次全会上提出的“六个如何始终”内涵丰富、逻辑严密，指出的都是党在新征程上最为紧迫、最为要害、最为根本的大问题。解决大党独有难题，要准确把握“六个如何始终”的深刻内涵，在这个主攻方向上精准发力、持续用力，发扬彻底的自我革命精神，形成坚持真理、修正错误，发现问题、纠正偏差的机制，不断巩固发展中国共产党之治的独特优势。

着力解决“如何始终不忘初心、牢记使命”的难题。一个政党的初心使命，诠释着这个党“是什么、干什么”“从哪里来、到哪里去”，是根本性、方向性的大问题。我们党自成立以来，所付出的一切努力、进行的一切斗争、作出的一切牺牲，都是为中国人民谋幸福、为中华民族谋复兴。忘记了初心使命，我们党的干部就会腐化、堕落，我们的党就会变质、变色、变味，就会失去人民、失去未来。新时代新征程，目标更加宏伟、任务愈加繁重、挑战日益严峻，需要全党同志务必不忘初心、牢记使命。始终坚持人民至上，坚定维护党章的严肃性和权威性，坚决防范一切违背初心使命、动摇党的根基的危险，督促推动党员干部不断叩问初心、守护初心，不断坚守使命、担当使命，始终做到初心如磐、使命在肩。

着力解决“如何始终统一思想、统一意志、统一行动”的难题。我们党是高度集中统一的马克思主义政党，思想上的统一、政治上的团结、行动上的一致是党的事业不断发展壮大的根本所在。治理我们这样一个大党大国，如果没有党中央权威和集中统一领导，如果没有全党全国思想统一、步调一致，就什么事也办不成。要坚持不懈用习近平新时代中国特色社会主义思想凝心铸魂，引导广大党员干部深刻领悟“两个确立”的决定性意义，增强“四个意识”、坚定“四个自信”、做到“两个维护”。严明政治纪律和政治规矩，及时发现、着力解决“七个有之”问题，消除危害党的团结统一的政治隐患。完善党中央重大决策部署落实机制，具体化、精准化、常态化开展政治监督，确保全党步调一致向前进。

着力解决“如何始终具备强大的执政能力和领导水平”的难题。我们党是一个在 14 亿多人口大国长期执政的党，能力不足、本领不强，就无法团结带领人民完成新时代新征程的使命任务，提高执政能力和领导水平是我们党勇担时代重任的现实要求。要加强思想淬炼、政治历练、实践锻炼、专业训练，增强党员干部推动高质量发展本领、服务群众本领、防范化解风险本领，提高防风险、迎挑战、抗打压能力。推进作风建设常态化长效化，促进党员干部在思想作风、学风、工作作风、领导作风、生活作风上全面过硬，以作风进步带动科学执政、民主执政、依法执政水平提升。

着力解决“如何始终保持干事创业精神状态”的难题。我们党百余年奋斗的伟大成就都是党团结带领全国各族人民拼出来、干出来的，要把中国式现代化的宏伟蓝图变成现实，仍然要靠拼、要靠干。大党长期执政，承平日久，容易追求安逸享乐，从而精神懈怠、意志消沉、不思进取。要弘扬伟大建党精神，教育引导党员干部牢记“三个务必”、践行“三严三实”，始终保持艰苦奋斗、积极进取的精神品格，在迎接挑战和攻坚克难中奋勇向前。把从严管理监督和鼓励担当作为高度统一起来，捆住一些人乱作为的手脚，放开广大党员干部担当作为的手脚，充分调动保护党员干部的积极性、主动性、创造性，凝聚建设中国式现代化的磅礴力量。

着力解决“如何始终能够及时发现和解决自身存在的问题”的难题。我们党的伟大不在于不犯错误，而在于不讳疾忌医、不文过饰非，敢于检视自身、常思己过，及时发现和解决自身存在的问题。在长期执政条件下，我们要防止忽略自身不足、忽视自身问题的现象，避免陷入“革别人命容易、革自己命难”的境地。发扬彻底的自我革命精神，不断清除一切损害党的先进性和纯洁性的因素，不断清除一切侵蚀党的健康肌体的病毒，全面推进党的自我净化、自我完善、自我革新、自我提高。构建和完善党和国家监督体系，不断完善及时发现问题的防范机制、精准纠正偏差的矫正机制、强化责任担当的问责机制，依靠党自身力量坚持真理、修正错误，发现问题、纠正偏差。

着力解决“如何始终保持风清气正的政治生态”的难题。政治生态是党风、政风、社会风气的综合体现。政治生态好，干部队伍就会风清气正、心齐气顺，社会风气就会积极向上、充满正能量。严肃党内政治生活，涵养积极健康的党内政治文化，弘扬和践行忠诚老实、公道正派、实事求是、清正廉洁等价值观，倡导清清爽爽的同志关系、规规矩矩的上下级关系、亲清统一的新型政商关系。坚持一体推进不敢腐、不能腐、不想腐，坚决铲除腐败这个破坏政治生态的致命污染源，引导党员干部真正因敬畏而“不敢”、因制度而“不能”、因觉悟而“不想”，持续构建正气充盈的政治环境。

以坚定态度和科学方法推动解决大党独有难题走深走实

解决大党独有难题，既要有坚定态度也要有科学方法，必须坚持问题导向，保持战略定力，标本兼治、综合施策、协同发力，锲而不舍、久久为功，积小胜为大胜。

坚持严的基调。从严管党治党，是我们党的鲜亮底色和独特优势，是新时代党的建设的重要经验。解决大党独有难题，必须把严的基调、严的措施、严的氛围长期坚持下去，突出严的重点，创新严的举措，保持严的常态，把严的要求贯穿始终。

坚持问题导向。大党独有难题在不同时期有不同的表现形式，要始终保持正视问题的自觉，一个问题一个问题推进解决。既注重解决面上问题，又注重解决深层次问题；既注重解决反复发生的老问题，又注重解决新出现的问题，做到管党有方、治党有力、建党有效。

坚持系统观念。解决大党独有难题是一项复杂的系统工程。更加突出党的各方面建设之间有机衔接、联动集成、协同协调，更加突出体制机制的健全完善和法规制度的科学有效，更加突出运用治理的理念、系统的观念、辩证的思维管党治党建设党，不断健全全面从严治党体系，以更加科学、更加严密、更加有效的思路举措解决大党独有难题。

坚持久久为功。解决大党独有难题绝非一朝一夕之功，必然是一个长期而艰巨的过程。保持永远在路上的坚韧和执着，坚决摒弃权宜之计、一时之举的思想，坚决克服松劲歇脚、疲劳厌战的情绪，坚决防止转变风向、降调变调的错误期待，把党的伟大自我革命进行到底。

2024 年 5 月 31 日《学习时报》

以健全全面从严治党体系为有效途径

王　赋*

习近平总书记在二十届中央纪委三次全会上深刻阐述了党的自我革命的重要思想，鲜明提出“九个以”的实践要求，其中之一就是“以健全全面从严治党体系为有效途径”。自我革命是党全方位、全过程加强自身建设的系统工程。健全全面从严治党体系是以体系化的方式推进自我革命，促进形成依靠党的自身力量发现问题、纠正偏差、推动创新、实现执政能力整体性提升的良性循环，使党的制度优势更好转化为治理效能。对纪检监察机关来讲，推动健全全面从严治党体系，把党的自我革命不断引向深入，既要在吃透把准精髓要义上下功夫，更要在实践中积极探索、担当尽责。

* 作者系甘肃省委常委、省纪委书记，省监委主任。

深刻理解健全全面从严治党体系的丰富内涵

健全全面从严治党体系强调的是总体的谋划、系统的设计、完备的制度和配套的手段，凸显管党治党建设党的全局性，追求的目标是标本兼治、综合治理的最优结果、最大效应。

从强化领导的全系统看。全面从严治党，核心是加强党的领导。健全这一体系，根本目的是坚决维护党中央权威和集中统一领导，把党的全面领导贯彻到管党治党全过程各方面，使党风廉政建设和反腐败斗争始终沿着习近平总书记和党中央指明的方向前进，以彻底的自我革命确保党永远不变质不变色不变味。

从权力运行的全流程看。管党治党的关键是管权治权。健全这一体系，就是要不断构建系统完备、科学规范、运行有效的制度体系，完善决策科学、执行坚决、监督有力的权力运行机制，把权力关进制度的笼子，最大限度减少或防止权力滥用。

从管党治党的全要素看。全面从严治党不仅覆盖各领域、各层级党组织和党员干部，而且涵盖党的政治建设、思想建设、组织建设、作风建设、纪律建设、制度建设和反腐败斗争，在全方位、全过程严管严治中，全面增强党的自我净化、自我完善、自我革新、自我提高能力。

从工作规律的全维度看。一体推进不敢腐、不能腐、不想腐，既是反腐败斗争的基本方针，也是新时代全面从严治党的重要方略。一体推进“三不腐”，就是要坚持系统观念，立足统筹做好“人”的挽救、改造和转化，释放“惩”的震慑，发挥“治”的功能，筑牢“防”的堤坝，进一步增强防范和治理腐败的主动性、系统性、实效性。

从监督对象的全覆盖看。全面从严治党体系，凸显的是有形和有效覆盖相统一，以纪律监督全覆盖，实现由“惩治极少数”向“管住大多数”拓展；以监察监督全覆盖，实现对所有行使公权力的公职人员的监督；以派驻监督全覆盖，实现对各级党和国家机构、企事业单位领导班子及成员的监督；以巡视巡察监督全覆盖，实现上级党组织对下级党组织的监督。

从力量联动的全链条看。健全这一体系是全党的共同责任，需要统筹各方力量，完善抓落实的责任链条，形成上下贯通、左右协调、内外联动的工作机制，做到同频共振、互促共进。尤其是要推动党委（党组）主体责任、纪委（纪检组）监督责任、职能部门监管职责同向发力，健全各负其责、统一协调的管党治党责任格局。

准确把握健全全面从严治党体系的实践要求

健全全面从严治党体系，关键是从全局着眼，向体系发力，整体性建构，系统性优化，促进各要素各环节之间关联互动、融会贯通。

把握总体目标。就是完善内涵丰富、功能完备、科学规范、运行高效的动态系统，把全的要求、严的基调、治的理念落实到管党治党工作之中，不断提升制度化、规范化、科学化水平，使全面从严治党各项工作更好体现时代性、把握规律性、富于创造性。

把握根本原则。就是坚持制度治党、依规治党，促进新征程管党治党制度化规范化程序化。党的二十大报告作出“完善党的自我革命制度规范体系”的战略部署，党的二十大修改的党章增写“不断健全党内法规体系”的内容，党中央印发的《中央党内法规制定工作规划纲要（2023—2027年）》从顶层设计上引领党内法规制度建设。健全全面从严治党体系，重点要在制度上发力，向制度要规范、要效能，实现常治长效。

把握基本要求。就是要更加突出党的各方面建设有机衔接、联动集成、协同协调，更加突出体制机制的健全完善和法规制度的科学有效，更加突出运用治理的理念、系统的观念、辩证的思维管党治党建设党。第一个突出侧重于主体内容，第二个突出侧重于机制制度，第三个突出侧重于理念思维，三者紧密联系、内在一致，需要完整把握、一体落实。

把握实践路径。就是充分发挥党的政治优势、组织优势、制度优势，做到“四个全”。内容上全涵盖，就是要坚持党的建设推进到哪里，全面从严治党体系就构建到哪里，党的建设方方面面的工作，都要自觉贯彻全面从严治党战略方针，不能把全面从严治党局限于正风、肃纪、反腐。对象上全覆盖，就是在管党治党上没有特殊党员、不留任何死角和空白，要面向党的各级组织和全体党员，做到管全党、治全党，重点是抓好“关键少数”特别是“一把手”。责任上全链条，就是要压实全面从严治党各方责任，推动各级党委（党组）书记切实扛起第一责任人责任、班子成员担负起“一岗双责”，层层传导压力、环环扣紧责任。制度上全贯通，就是要坚持思想建党和制度治党同向发力，把制度建设要求体现到全面从严治党各方面、各层级，不断完善党内法规制度体系，增强党内法规权威性和执行力，用制度促进全面从严治党体系贯通联动，巩固发展中国共产党之治的独特优势。

自觉担起健全全面从严治党体系的应尽之责

纪检监察机关是推进党的自我革命的重要力量，在推动健全全面从严治党体系上肩负着义不容辞的政治责任，必须找准职责定位，践行使命任务，以永远在路上的坚韧和执着，推动把党的自我革命进行到底。

履行协助职责。这是健全全面从严治党体系的责任关键。要协助同级党委制定全面从严治党工作规划计划、开展巡视巡察工作，加强对本地区本单位政治生态、党风廉政等情况的分析研判，有关问题及时向党委报告并提出意见建议。协助加强党风建设，锲而不舍落实中央八项规定及其实施细则精神，持续纠“四风”树新风，促进正风肃纪常态长效。充分发挥反腐败协调小组职能作用，有效整合反腐败工作全链条力量，组织协调反腐败工作。同时，坚持履行协助职责和监督责任有机结合，督促主体责任和监督责任有机衔接、同向发力。

促进贯通协调。这是健全全面从严治党体系的重要理念。力量上要贯通，打通督与查、条与块、上与下，完善“组组”协同监督、“室组”联动监督、“室组地”联合办案机制，整合监督资源，凝聚监督合力。纪法上要贯通，完善监察执法与刑事司法衔接机制，促进监察机关与司法机关、执法部门在办理职务违法犯罪案件中互相配合、互相制约。监督上要贯通，推进“四项监督”统筹衔接常态化制度化，完善纪检监察专责监督体系，更好发挥协助引导推动功能，促进各类监督贯通协调。

推进制度建设。这是健全全面从严治党体系的重要内容。要坚持制度制定与制度执行同向发力，一方面，立足供给侧，通过监督检查、审查调查、巡视巡察等方式，着力发现制度机制层面存在的短板弱项，督促有关方面举一反三、建章立制、堵塞漏洞，更好地用制度管人管权管事；另一方面，瞄准执行端，通过严格监督、严肃执纪，推动落实执规责任制，维护制度刚性约束，对不按制度办事、钻制度空子、逃避制度监管、打擦边球等问题坚决查处、严肃问责，真正让铁规“长牙带电”。

强化内部制约。这是健全全面从严治党体系的必然要求。要科学设置前中后台，加强关键环节改造提升，形成从源头到末端全流程管控的工作闭环，防范权力滥用风险。加强监督执纪执法标准化建设，完善覆盖信访举报、监督检查、审查调查、案件监督管理、案件审理的制度体系，提升规范化法治化正规化水平。常态化检视干部队伍存在的突出问题，进一步健全管思想、管工作、管作风、管纪律的全面从严管理机制，持续锻造忠诚干净担当、敢于善于斗争的纪检监察铁军，始终做自我革命的表率、遵规守纪的标杆。

2024 年 6 月 3 日《学习时报》

以锻造坚强组织建设过硬队伍为重要着力点

高　波*

习近平总书记在二十届中央纪委三次全会上系统阐述了党的自我革命的重要思想，深刻指出要以锻造坚强组织、建设过硬队伍为重要着力点，强调纪检监察机关必须始终做到绝对忠诚、绝对可靠、绝对纯洁，要求纪检监察干部努力做自我革命的表率、遵规守纪的标杆。纪检监察机关作为党的纪律部队，是推动党的自我革命的重要力量，对深化党的自我革命起着示范和保障作用。我们要深入学习贯彻习近平总书记关于加强纪检监察干部队伍建设的重要论述，不断巩固拓展学习贯彻习近平新时代中国特色社会主义思想主题教育和全国

* 作者系中央纪委国家监委驻科学技术部纪检监察组组长，科学技术部党组成员。

纪检监察干部队伍教育整顿成果，以开展党纪学习教育为契机，以彻底自我革命精神加强自我约束和监督，锻造忠诚干净担当、敢于善于斗争的坚强组织和过硬队伍。

强化以上率下，落实严管严治政治责任。习近平总书记强调，坚持责任上全链条，压力层层传导，责任环环相扣，巩固发展全党动手一起抓的良好局面。新征程上，推进党的自我革命任务艰巨、使命光荣，对纪检监察机关锻造坚强组织、建设过硬队伍提出新的更高要求。必须坚持抓自身、作示范，以更高标准有效履行全面从严治党政治责任，从严加强纪检监察干部教育管理监督，切实做到严于律己、严负其责、严管所辖，确保自身正、自身硬、自身廉。健全主体责任落实机制，进一步细化责任清单，丰富责任落实载体，坚决防止责任空转。坚持以政治建设统领党的建设，把强化政治监督作为首要职责，示范带动广大党员干部深刻领悟“两个确立”的决定性意义，始终把“两个维护”体现在实际行动上。坚持强自身促联动，持续推动内设纪检机构建设，通过日常监督检查、联合监督执纪办案、组织参加培训等方式，加强对综合监督单位机关纪委工作的督促指导，提升机关纪委监督执纪办案能力，推动综合监督单位建设过硬纪检干部队伍。

强化理论武装，始终保持对党绝对忠诚的政治本色。习近平总书记指出，我们党之所以能够不断历经艰难困苦创造新的辉煌，很重要的一条就是我们党始终重视思想建党、理论强党，坚持用科学理论武装广大党员、干部的头脑，使全党始终保持统一的思想、坚定的意志、强大的战斗力。新征程上，必须牢记“思想统一是政治统一、行动统一的基础”，坚持不懈用习近平新时代中国特色社会主义思想凝心铸魂，学深悟透习近平总书记关于党的自我革命的重要思想，在深化内化转化上下功夫。坚持和完善“第一议题”制度，采取座谈交流、沉浸式学习、调查研究等灵活多样形式，加强对纪检监察干部特别是年轻干部的思想政治教育，引导干部带着使命、责任和感情、深情学深悟透党的创新理论，切实履行好监督职责。

强化实战练兵，增强敢斗善斗本领。敢于斗争、善于斗争是我们党从胜利走向胜利的精神密码。纪检监察工作是同一切影响党的先进性纯洁性、损害党的肌体健康、破坏党的团结统一的人和事作斗争，必须坚持原则、勇于亮剑，敢斗善斗、担当尽责，做到不信邪、不怕鬼、不怕压。纪检监察干部要坚决同违反党纪国法的人和事作毫不妥协的斗争，当好党的卫士、战士，而不做“太平绅士”。纪检监察干部既要有胆，还要有识。把增强敢斗善斗本领作为重要任务，清醒认识反腐败斗争形势的严峻性、复杂性，准确把握不正之风、新型腐败和隐性腐败演化变异规律，始终保持嫉恶如仇的饱满斗争精神，不断提高将党的自我革命进行到底的斗争意志和斗争本领。牢记“三个务必”、践行“三严三实”，在作风上勇于自我革命，严细深实做好各项工作。坚持在监督执纪办案一线摔打干部，加强干部“传帮带”，把实战作为选才育才识才的最好课堂，紧盯“影子股东”、“影子公司”、政商“旋转门”、“逃逸式辞职”等新型腐败和隐性腐败，紧盯“四风”隐形变异新动向，既交任务压担子，又手把手教方法，不断培养干部依规依纪依法突破案件、精准有效开展监督和文稿起草、综合协调、服务保障等履职能力，让更多文武兼备、素质全面的好干部脱颖而出。坚持严管厚爱结合、激励约束并重，把关心关爱、大胆使用与严格管理统一起来，形成能者上、优者奖、庸者下、劣者汰的鲜明导向，为干部安心履职提供保障，不断激发干事创业活力。

强化刀刃向内，自觉接受最严格的约束和监督。纪检监察干部处在正风肃纪反腐第一线，时刻面临着腐蚀和反腐蚀的考验，必须加大严管严治、自我净化力度，保持队伍纯洁。习近平总书记亲自部署推动全国纪检监察干部队伍教育整顿，这是破解“谁来监督纪委”课题的重大举措。我们要认真总结运用主题教育和教育整顿的有益经验，始终坚持严的基调、严的措施、严的氛围抓班子、带队伍，强化自我监督，防范被“围猎”风险，督促引导纪检监察干部守住纪律红线、法律底线，真正做到让党中央放心、让人民群众满意，做自我革命的表率、遵规守纪的标杆。加强对权力运行的制约和监督，增强对“一把手”和领导班子监督实效，从严从实强化对年轻干部教育管理监督，督促领导干部严于律己、严负其责、严管所辖，形成全面覆盖、常态长效的监督合力。充分运用监督调研方式，多渠道、多方面了解纪检监察机关政治生态状况及干部的工作状态、作风做派、社会交往、兴趣爱好、群众口碑等情况，结合巡视巡察、选人用人等工作，为监督对象精准“画像”。定期开展检视整治，贯通“八小时内”和“八小时外”监督，及时分析排查廉洁风险，及时发现处置干部队伍中存在的苗头性倾向性问题。做实干部日常管理和专责监督，以监督依规依纪依法正确履职为重点，加强对纪检监察干部执行党章党规和国家法律法规情况的监督检查，严明纪律，对跑风漏气、打听案情、说情干预等绝不手软。加强与综合监督单位机关纪委、组织人事等部门的沟通，自觉接受广大党员干部的监督，认真听取各方面意见建议，对律己不严、形象不好、躺平、懈怠的纪检监察干部，决不“护犊子”，确保干部队伍纯洁可靠。强化督促整改，针对纪检监察干部违纪违法案件和日常监督中发现的问题，督促健全制度，形成规范纪检监察干部正确履职的长效机制。

强化制度“立改废”，健全内控机制。纪检监察的工作对象是党员干部，用权办事必须慎之又慎、细之又细、严谨规范，决不可有权任性、粗放随意。锻造坚强组织、建设过硬队伍，必须紧盯纪检监察权力行使，进一步织密扎牢制度笼子，把权力运行置于党组织和人民群众监督之下，最大限度压缩自由裁量权。把不敢腐、不能腐、不想腐一体推进的理念贯穿自身建设，坚决防范不作为和乱作为两大风险，从严管理监督干部，严格组织授权，明确权力边界，完善内控机制，强化全过程监督。不断巩固拓展主题教育和教育整顿成果，用制度形式把教育整顿中形成的好经验好做法固化下来，进一步加强规范化、法治化、正规化建设，推动形成严管严治的常态长效机制。坚持严管和厚爱结合，落实“三个区分开来”要求，加强对敢担当、善作为干部的激励保护；探索完善澄清正名机制，坚决惩治诬告陷害纪检监察干部的行为。结合纪检监察权力特点和风险点，细化与干部监督工作相适应的配套制度规定，探索制定监督约束纪检监察干部行为的负面清单和责任追究清单，持续梳理权力运行风险点，严格执行请示报告、安全保密等各项制度，进一步细化政治监督、线索处置、审查调查等工作流程，完善管思想、管工作、管作风、管纪律的全面从严管理制度体系，强化制度刚性约束和执行落实。

2024 年 6 月 5 日《学习时报》

持续发力纵深推进正风肃纪反腐

艾俊涛*

习近平总书记在二十届中央纪委三次全会上的重要讲话，将“以正风肃纪反腐为重要抓手”作为推进自我革命“九个以”的实践要求之一，明确了坚定不移全面从严治党的着力重点，彰显了把党的自我革命进行到底的决心意志。纪检监察机关作为推进党的自我革命的重要力量，必须牢牢把握以正风肃纪反腐为重要抓手这一实践要求，以永远在路上的坚韧和执着，持续发力纵深推进正风肃纪反腐，为全面推进强国建设、民族复兴伟业提供坚强保障。

---

* 作者系宁夏回族自治区党委常委、纪委书记，自治区监委主任。

一以贯之驰而不息涤荡作风顽疾

党的作风就是党的形象，关乎人心向背，关乎党的生死存亡和国家长治久安。新时代以来，作风建设取得显著成效，党风政风为之一新，社风民风为之一振，党心民心进一步凝聚。但也要看到，“四风”问题树倒根在，不良作风积弊甚深，防反弹回潮、防隐形变异、防疲劳厌战任务仍然艰巨。必须突出重点、把握关键、抓住要害，以钉钉子精神一锤接着一锤敲，将作风建设进行到底。

重拳惩治形式主义官僚主义。形式主义和官僚主义是思想问题、作风问题，更是政治问题，必须坚持从政治上看、从政治上抓。紧盯学习贯彻党的二十大精神和贯彻落实习近平总书记重要指示批示精神，坚决纠治口号响落实差、搞本位主义、做表面文章等问题。紧盯影响高质量发展的不作为乱作为问题，深入整治任性决策、躺平甩锅、敷衍塞责、冷硬横推等破坏营商环境的作风顽疾。紧盯加重基层负担问题，持续纠治文山会海、督查检查调研扎堆、工作过度留痕、任务层层加码和“指尖上的形式主义”等问题。紧盯权力观扭曲、政绩观错位问题，着力纠治急功近利、竭泽而渔、劳民伤财搞政绩工程、数据造假等问题，坚决防范和纠治“新形象工程”，推动党员干部多在实效上用真功夫、少在形式上动歪脑筋。

坚决纠治享乐主义奢靡之风。享乐主义和奢靡之风同我们党的性质宗旨和优良作风格格不入，既是老问题，又有新表现。精准分析作风建设地区性、行业性、阶段性特点，常态长效深化落实中央八项规定精神，以严惩违规吃喝为重点深入开展“四风”问题顽瘴痼疾专项整治，严查“吃公函”“吃食堂”“吃老板”“吃下级”等问题，深挖党员和国家公职人员酒驾醉驾背后的“四风”以及搞“小圈子”、纵容包庇等问题。有效防治隐形变异现象，精准发现、从严处理“快递送礼”以及借培训考察、党建活动等名义公款旅游问题，坚决防止享乐主义和奢靡之风反弹回潮。

坚持纠树并举促进常态长效。将作风建设情况纳入全面从严治党主体责任检查，严查不收敛不收手、顶风违纪行为，推动风腐同查同治，让广大党员干部习惯在受监督和约束的环境中工作生活。坚持以查促改、以改促治、以治促建，加强深层次源头性问题研究，推动职能部门完善制度机制、强化制度执行，协同高效推进制度建设。坚持纠树并举，引导领导干部树牢正确政绩观，涵养抓落实作风，立足职责推动移风易俗，带动社会风气持续向善向好。

一严到底锲而不舍加强纪律建设

纪律是管党治党的“戒尺”，加强纪律建设是全面从严治党的治本之策。全面加强党的纪律建设，既要把规章制度立起来，做到有规可依、有矩可循；又要确保制度执行到位，做到执纪必严、违纪必究。

强化纪律教育。抓好党纪学习教育，聚焦党章这一党的根本大法，以学习新修订的《中国共产党纪律处分条例》为重要内容，推动党员干部学纪、知纪、明纪、守纪，知敬畏、存戒惧、守底线。坚持经常性纪律教育和集中性纪律教育相结合，探索开展沉浸式、互动式、帮带式教育，推动形成学习纪律浓厚氛围。加大对年轻干部、新提任干部的纪律培训、廉政提醒力度，着力解决对党规党纪不上心、不了解、不掌握等问题，真正把遵规守纪印在心、践于行。

严格纪律执行。准确把握政策界限，统筹运用党性教育、政策感召、纪法威慑，把思想政治工作贯穿始终，做到纪法情理贯通融合，切实维护纪律刚性。加强对运用“四种形态”情况的动态分析和监督检查，及时发布典型案例，推动精准定性量纪执法，努力实现政治效果、纪法效果、社会效果有机统一。认真落实“三个区分开来”，综合考虑事实证据、思想态度、纪法标准，进一步明确容错纠错、澄清正名的情形、幅度和程序，推动愿担当、敢担当、善担当蔚然成风。

凝聚执纪合力。压紧压实各级党委（党组）全面从严治党主体责任、书记第一责任人责任和班子成员“一岗双责”，督促严于律己、严负其责、严管所辖，带头遵守纪律、严格执行纪律，做到敢管敢治、严管严治、长管长治。推动党委（党组）主体责任、纪检监察机关监督责任、职能部门监管职责同向发力，健全各负其责、统一协调的责任格局。坚持精准问责、规范问责，建立重点领域问责提级审核、问责案件专项评查制度，防止和纠正问责不力、问责泛化等问题。

一鼓作气久久为功铲除腐败土壤

腐败是危害党的生命力和战斗力的最大毒瘤，反腐败是最彻底的自我革命。当前，反腐败斗争进入深水区，形势依然严峻复杂。一篙松劲退千寻，绝对不能回头、不能松懈、不能慈悲，必须永远吹冲锋号，下大力气铲除滋生腐败的土壤和条件，标本兼治，系统施治，切实提高腐败治理效能。

始终保持零容忍态度，确保"后墙"不松动。加大对新型腐败和隐性腐败的甄别和查处力度，坚决防止利益集团、权势团体向政治领域渗透。深化整治金融、国企、能源、医药、基建工程和招投标等资金密集、资源富集领域腐败，消除风险隐患。加大对行贿行为惩处力度，严厉打击政治骗子和政治掮客。加大对政商"旋转门""逃逸式辞职"治理力度，强化对行贿、介绍行贿、洗钱等腐败关联犯罪的全链条惩治。深化整治群众身边不正之风和腐败问题，推进扫黑除恶“打伞破网”常态化机制化。

努力完善零漏洞制度，确保“底板”再加固。深化以案促改，做好“后半篇文章”。推动单位治理、部门治理，促进行业治理、社会治理，形成叠加效应与综合效能。深化审批监管、执法司法、金融信贷、公共资源交易、公共财政支出等重点领域监督机制改革，推动职能部门加强制度建设，完善权力配置和运行制约机制，进一步堵塞制度漏洞，减少设租寻租机会。加快推动新兴领域治理机制建设，确保权力始终在正确轨道上运行。

深入开展零死角教育，确保“初心”不变色。做实同级同类干部警示教育，用好案情通报、忏悔录等反面教材，以案释德、以案释纪、以案释法。深化处分决定宣布工作，对每一起案件都要宣布处分决定，督促案发单位以案说纪、说法、说德、说害、说责，把处分决定“一张纸”变成警示教育“一堂课”。实施“廉洁文化启智润心工程”，注重家庭家教家风建设，推动形成崇尚廉洁、抵制腐败的良好风尚，确保党员干部“初心”不变色、“信念”不蒙尘，推动党的基业长青、人民的事业向好。

2024 年 6 月 7 日《学习时报》

以自我监督和人民监督相结合为强大动力纵深推进党的自我革命

蒲宇飞*

习近平总书记在二十届中央纪委三次全会上创造性地提出深入推进党的自我革命“九个以”的实践要求，为新时代新征程推进党的自我革命伟大实践提供了科学指引，特别是鲜明指出“以自我监督和人民监督相结合为强大动力”，进一步明确了党的自我革命的动力之源，展现了我们党始终坚持人民至上的根本立场，体现出我们党对执政党建设规律的深刻总结，具有十分重大的理论和实践意义。

* 作者系中央纪委国家监委驻应急管理部纪检监察组组长，应急管理部党委委员。

深刻理解自我监督和人民监督的丰富内涵

强化自我监督是党实现全面领导和长期执政的关键所在。我们党历来十分重视自我监督，党的一大提出“地方委员会的财务、活动和政策，应受中央执行委员会的监督”。党的五大建立了中央监察委员会，开启了党内监督的新探索。党的七届二中全会上，毛泽东强调，我们有批评和自我批评这个马克思列宁主义的武器，我们能够去掉不良作风，保持优良作风。党的十八大以来，习近平总书记带领全党以前所未有的决心和力度推进全面从严治党，把监督贯穿管党治党、治国理政各项工作，有效形成发现问题、纠正偏差的自我监督机制，及时清除侵蚀党的健康肌体的病毒，全面从严治党取得历史性、开创性成就，产生全方位、深层次影响。进入新时代，必须持续加强党的自我监督，以时代发展的要求审视自己、以强烈的忧患意识警醒自己、以自我革命精神锻造自己，才能确保党始终不变质、不变色、不变味。

人民监督是推进党的自我革命的重要保障。抗战时期，毛泽东在“窑洞对”中给出了跳出治乱兴衰历史周期率的“第一个答案”，提出“只有让人民来监督政府，政府才不敢松懈。只有人人起来负责，才不会人亡政息”。党的十八大以来，习近平总书记在深刻把握民主政治发展规律的基础上，提出全过程人民民主的重大理念，从制度上保证人民群众依法拥有民主选举、民主协商、民主决策、民主管理、民主监督的权力，对各级党组织和党员干部形成更加务实有效的外在约束，赋予“第一个答案”新的时代内涵，赢得了保持同人民群众的血肉联系、人民衷心拥护的历史主动。迈进新征程，必须树牢群众观点，贯彻群众路线，持续强化人民监督，时刻保持党同人民群众的血肉联系，自觉接受人民群众的批评和监督，始终同人民站在一起、想在一起、干在一起，确保党始终成为中国特色社会主义事业的坚强领导核心。

准确把握自我监督和人民监督的内在统一关系

统一于马克思主义唯物史观。习近平总书记指出：

“一百年来，党外靠发展人民民主、接受人民监督，内靠全面从严治党、推进自我革命，勇于坚持真理、修正错误，勇于刀刃向内、刮骨疗毒，保证了党长盛不衰、不断发展壮大。”加强权力监督，防止权力腐败，是马克思主义政党理论的一个重要原则。党的自我监督和人民监督都是运用马克思主义立场、观点、方法来分析和解决中国具体历史条件下的实际问题，是马克思主义中国化时代化历史进程的重要硕果。百余年来，我们党探索形成的自我监督和人民监督有机统一、互促共进的自我革命动力机制，深化了对马克思主义政党执政规律的认识，开辟了党自我净化、自我完善、自我革新、自我提高的新境界。

统一于党的政治属性。政治属性是党性的集中体现。习近平总书记指出，“坚持党性就是坚持人民性。党性寓于人民性之中，没有脱离人民性的党性，也没有脱离党性的人民性”。江山就是人民、人民就是江山。我们党来自人民、扎根人民、造福人民，全心全意为人民服务是党的根本宗旨，没有自己的特殊利益，一切工作都是为了实现好、维护好、发展好最广大人民根本利益。以自我监督和人民监督相结合深入推进党的自我革命，使百年大党不断焕发蓬勃生机，成为中国人民最可靠、最坚强的主心骨，其出发点和落脚点都是为了人民群众的根本利益，充分体现了捍卫党性和维护人民性的有机统一。

统一于党的初心使命。习近平总书记指出：“勇于自我革命和接受人民监督是内在一致的，都源于党的初心使命。”自我监督强调内部自律，通过自我净化、自我完善、自我革新、自我提高，不断清除侵蚀党的健康肌体的病毒；人民监督强调外部他律，通过发挥“无所不在的监督力量”，督促我们党时刻保持“三个务必”的高度警醒。虽然形式不同、各有侧重，但自我监督和人民监督目标一致、方向一致，相互补充、相互促进，都以党加强自身建设、巩固执政地位、推动事业发展为核心目的。坚持党的自我监督和人民监督一体发力，是对“如何跳出治乱兴衰的历史周期率、实现长期执政”深入探索的“一体两翼”，也是党永葆性质宗旨和初心本色的必然要求。

深入推进自我监督和人民监督贯通结合

在监督力量上推动整合。面对自我监督、人民监督主体各异、力量分散等客观实际，从规范党内监督做起，进一步健全党委（党组）全面监督、纪律检查机关专责监督、党的工作部门职能监督、党的基层组织日常监督、党员民主监督的党内监督体系，推进纪律监督、监察监督、派驻监督、巡视监督等统筹衔接，有效形成监督合力。在整合党内监督力量的基础上，坚持开门搞监督，构建“信、访、网、电”四位一体受理检举控告体系，及时进行实名举报“点对点”反馈，常态化开展“四下基层”活动，深入基层一线倾听干部群众心声，积极为人民群众批评和监督提供安全、畅通的渠道，汇聚人民监督磅礴力量。

在监督程序上实现契合。坚持内部贯通，发挥党委（党组）监督主导作用，健全完善信息共享、线索移送、措施配合、整改互动、成果运用等监督协同机制，推进各类监督措施协同、行动协同。加强外部衔接，建立与国家机关监督、民主监督、司法监督、群众监督、舆论监督等各类监督的协调联动机制，完善人民群众举报线索和监督意见的受理、核查、反馈、落实闭环程序，紧紧依靠人民群众深化巡视监督，让群众参与整改、监督整改、评价整改。健全保护机制，既防止人民群众举报被打击报复，又及时对被诬告党员干部澄清正名，有效形成自我监督和人民监督正向发力的良性循环。

在监督工作上充分融合。坚持以人民为中心的发展思想，推动各类监督充分倾听群众呼声心声、所思所想、所盼所愿，明确监督方向和着力点，深入开展群众身边不正之风和腐败问题专项整治，不断增强人民群众获得感、幸福感、安全感。发挥人民监督天然优势，让权力真正在阳光下运行，保障人民群众知情权、参与权、表达权、监督权，以公开促公正、以透明保廉洁，让各级党组织和领导干部时刻感受到监督就在身边。将监督反馈情况纳入向社会公开内容，推动监督事项事事有回应、件件有着落，及时回应群众呼声。

深入推进党的自我革命“九个以”的实践要求是一个相互联系、逻辑严密、系统完备的有机整体。通过整合监督力量、契合监督程序、融合监督工作，使“自我监督和人民监督相结合”有效形成推进党的自我革命的强大动力，为跳出历史周期率，解决大党独有难题，推动健全全面从严治党体系，锻造坚强组织、建设过硬队伍等提供持续的原动力和驱动力，不断开辟百年大党自我革命的新境界。

2024 年 6 月 10 日《学习时报》

责任编辑：杨文霞
封面设计：王欢欢
版式设计：汪　莹

图书在版编目（CIP）数据

"九个以"：自我革命的实践要求 / 学习时报编辑部编. -- 北京：人民出版社，2025. 3. -- ISBN 978-7-01-027068-5

I. D26

中国国家版本馆 CIP 数据核字第 2025WB8198 号

"九个以"：自我革命的实践要求
JIUGE YI ZIWO GEMING DE SHIJIAN YAOQIU

学习时报编辑部　编

人民出版社 出版发行
（100706　北京市东城区隆福寺街 99 号）

环球东方（北京）印务有限公司印刷　新华书店经销

2025 年 3 月第 1 版　2025 年 3 月北京第 1 次印刷
开本：880 毫米 ×1230 毫米 1/32　印张：4
字数：61 千字

ISBN 978-7-01-027068-5　定价：49.00 元

邮购地址 100706　北京市东城区隆福寺街 99 号
人民东方图书销售中心　电话（010）65250042　65289539